U0087763

儒家思想

以創造轉化為自我認同

杜維明　著

東大圖書公司

悼　念

唐君毅：重建儒學的文化巨人

李相殷：光大儒門的思想先進

再版說明

　　本書作者早年深受徐復觀先生、牟宗三先生思想影響，以發揚儒家思想為使命，在國際間，不斷進行學術上的研討，積極回應世界各方思潮的挑戰，並且試圖為儒家找尋現代化之定位。

　　本書原由英文寫就，乃作者在北美和國際學者交鋒之論，九篇文章皆環繞著孔子畢生追求的學問——儒家的身心性命之學。

　　此次再版，編輯部除了修正舊版的一些訛誤疏漏之處外，並重新設計版式，相信對於讀者在閱讀的舒適上有相當大的助益。

東大圖書公司編輯部　謹識

序

對作者而言，一本新書的問世，總是「一則以喜，一則以懼」。當然，書是文化生產中歷史悠久而意味深長的現象。正如律克 (Paul Ricoeur) 所說的，當理念落實為象徵符號、並體現為具有物質基礎的白紙黑字之後，它的精神便取得可以普世化的性格，讓任何有語文能力的讀者都可從檢視其象徵符號而對作者的理念進行解讀。既然因理念的文字化而使信息廣為流傳，當然是值得欣慰的。

但，我依稀記得，好幾年前在美國科羅拉多州的艾思本人文中心，曾和當時在史坦佛大學擔任駐校作家的史德格勒 (Wallace Stegner) 教授聊天。他剛出版一本散文集，竟自嘲地說，把作品推向世界，就像一個在大峽谷邊飄下一片羽毛的人，殷切地期待不久的將來谷底會傳來轟隆的回響。如果被稱譽為美國當代一支健筆的作家也有這種缺乏自信的疑慮，深恐自己辛辛苦苦的筆耕成果完全不受到重視應是人之常情了。

不過學術界的出版物，特別是突出哲學思想的論文，本來就沒有考慮到市場效應，因此所喜所憂也未必隨著讀者共鳴的程度而轉移。所喜的是，這本論集的出版，可以為中文世界提

供一些我思索有年而且已在北美學壇開闢了論域的觀點；所憂的是，不同的語境指涉不同的意義結構和價值系統。我的觀點雖然都是自覺地立基於儒家的「為己之學」，但置身於西方知識論辯的習俗之中，便不能不採取權宜之計，特別究心於申述一些在中文世界已耳熟能詳的概念。職是之故，英語中的新鮮感便完全消失了。

我並不擔心因重複讀者熟悉的概念而導致老生常談的印象。本來，儒學的特性即是溫故知新。可是，在英文語境中，一些從堅苦工夫中獲得的成果，竟因中譯而完全不顯精彩，總有點可惜。當然翻譯總難免有喪失原味的損失，但只要力求「信達雅」也有可能創造嶄新的天地。不過我應當申明，這些原屬英文的議論，居然能以中文的形式公諸於世，其中曲折甚多，也牽涉好幾位無名英雄，在此無法交待清楚。我要特別提出感謝的是林同奇教授。沒有他的鼎力協助，這本書一定會遭到難產的厄運。

這裡所收的九篇論文與其說是我因回應各種外來機緣而對儒家人文精神作出的現代詮釋，不如說是通過多元渠道和北美幾位師友之間的人物共商舊學而獲致的些許心得，要更符合事實。

我在柏林發表〈道德共範〉的論文時，評講是文化人類學的巨擘杰爾茲 (Clifford Geertz) 教授。杰爾茲教授不僅把評講形諸文字而且同意由《東西方哲學》發表，給我很大的鼓勵。我考慮「存有的連續性」一議題則是針對牟復禮 (F. W. Mote) 和李約瑟的觀點而發；後來這一構想又和張光直先生反覆商榷。

〈儒家論做人〉則是為北美宗教學祭酒史密斯 (Wilfred Cantwell Smith) 教授榮休而作。我在哈佛攻讀博士學位時期即親炙史密斯教授，研習廣義宗教傳統和精神文明的互動關係。一九八三年，回到哈佛執教才兩年多，又接任他掌理多時的宗教委員會。三十多載的情誼使我真切體認到他的學思歷程確是問學與求道可以相得益彰的典範。

〈先秦儒家思想中的人的價值〉得益於艾里克森 (Erik H. Erikson)、律克和波那里 (Michael Polanyi) 甚多。我選過艾里克森的課，和律克也論學多次。雖然沒有直接向波那里請教的機會，但通過長期和格林（Marjorie Grene，波那里思想權威）教授的交往，對波那里的「體驗之學」並不生疏。以〈仁：「論語」中一個充滿活力的隱喻〉一文來界定「仁」的意蘊，則是長年和芬伽萊 (Herbert Fingarette) 及史華慈兩位宿儒對話的結果。

〈自我與他者〉及〈宋明儒學的宗教性和人際關係〉兩文受到貝拉 (Robert Bellah) 的啟發最多。還記得六十年代，貝拉在哈佛講授宗教理論的情景。那時他從知識社會學及比較文化學切入，對宗教演化和現代精神有獨到的見解，但我卻認為他因受柏深思和韋伯的影響太深，對儒家的「宗教性」並沒有真切的體悟。我在伯克利加州大學歷史系任教的十年，還經常扣緊此一課題和他辯難。最近聽友人麥迪生 (Richard Madsen) 說貝拉明年退休後（一九九八）的主要工作是重新考察宗教演化與現代精神。我相信，他對儒家，特別是宋明傳統，和東亞現代性的關係會有新的詮釋。

另外,〈孟子思想中的人的觀念:中國美學探討〉和〈宋明儒學本體論初探〉都受惠於座落紐約北部艾德龍達(Adirondacks)山莊的德夏堂書院的創始人賈保羅(Paul Desjardins)。保羅曾介紹我認得他的至交,如本斯鼎(Richard Bernstein)和羅蒂(Richard Rorty),通過他的文字和面對面的溝通使我對英文中的哲學語境略有所窺,也加強了我和西方哲人共探新知的意願。雖然我考慮的課題未必和當前美國哲學界所關注的焦點有什麼直接關係,但是既然認識到他們行文的風格,用英文詮釋中國美學、倫理學和宗教哲學的異化感便逐漸消解了。

必須指出,正因為我這幾篇儒家論說純粹是英文語境的產物,中譯本,即使大體傳神,難免仍有隔了幾重公案的距離感。我希望文化中國的讀者不要率爾抹殺這距離感,直接評價理據的得失;或許在咀嚼那格格不入的生澀處還能稍稍品味我奢想融會中西而每每缺失的堅苦。

不過,既然這幾篇論文都不僅是我的獨白而是我和師友們長期對語之後的諧音,它們所象徵的共業絕非個人私見而已。《以創造轉化為自我認同》不是一本一氣呵成的專論,但其中所體現的「問題意識」卻首尾貫穿相互連繫。雖然,九篇文章相隔的時間跨度很長,而且是在各種學術情境中因針對特殊課題而作出的不同回應,可是它們都環繞著儒家的身心性命之學而展開。我希望儒家的「自我」,即所謂安身立命的成己之學的核心課題,可以通過我這些尚在發展,尚待成長的詮釋而成為大家共同研究和探索的領域。

　　最後我要感謝波士頓大學神學院的南樂山院長，他多次提到儒學創新將是世界哲學界體現承先啟後精神的大事。他的鼓勵使我振奮，他的預言則使我心持惶恐。

　　我相信儒家論說業已進入歐美學壇，但面向二十一世紀，儒學在思想方面的創新能否為其第三期發展提供優良的條件，則現在尚言之過早。任務是艱巨的！

　　　杜維明

　　　哈佛燕京學社（美國麻州康橋）

　　　一九九七年十月七日

儒家思想
以創造轉化為自我認同

目　次

導　言

　　在關於伯克利─哈佛大學社會價值比較研究五年規劃主辦的最近一次會議的開場討論中❶，我的老師和 20 多年來的朋友羅伯特・貝拉，對我的論文〈東亞思想觀念中的「道德共範」〉（即本書第一章）作了評論，他提出「什麼是儒家的自我」這個富於挑戰性的問題。收入本書的九篇文章試圖就這個問題作出回答。但是，它們並沒有給出一個簡單的答案。毋寧說，它們探討了儒家思想的諸多層面，這些層面可以闡明作為創造性轉化的儒家自我的含意。

　　如果說我們儒家確實有一個關於自我的首尾一貫的概念，那為什麼我給貝拉一個直截了當的回答還會那麼困難呢？這個問題的一部分是由語境造成的。除非我們充分理解一個問題，否則我們就不能指望給出正確的答案。提出問題的方式往往貌似簡單，而賦予問題以意義的背景卻極為複雜。由於這個問題

❶ 伯克利─哈佛社會價值比較研究規劃（亦稱比較倫理學規劃），由伯克利高等神學協會和加里福利亞大學宗教研究副教授馬克・尤金斯梅爾，和哈佛大學比較宗教學教授、世界宗教研究中心主任約翰・卡門共同指導。

是從提問者的所謂「問題性」中產生的，我們就不僅需要弄清楚問題本身的含義，而且需要瞭解潛藏於其後的那個思考者。因而對我來說，貝拉的提問所引發的不只是個資訊的交換，而也是一種活生生的人的交遇。在這個意義上，本書的每篇文章都是活生生的交遇。誠然，它們提供了有關儒家傳統的基本資訊；不過，從根本上說，它們是「儒家」對人類所永恆關注的那些問題所作的具有自覺性的答覆。

假如有別的什麼人，例如一個研究語言的學生，向我提出同樣的問題，那麼，我會簡單地列出一組英文詞語予以回答。從完全實用的目的著眼，可以把這些詞語看作英文 self（自我）與古漢語和現代漢語中起相當或同等作用的一批詞（這也許正是該學生真正追求的東西，儘管他可能同時會繼續懷疑在某些情況下一一對應的翻譯是否可能）。不過，對貝拉的問題來說，它的分量並不在這裡。因為在我為辨認東亞思想共同傾向而進行思考時，他對我以「自我修養」（修身）為中心特徵去概括思孟學派、莊子道學及禪宗學說的特徵感到不解。如果按此說法，那對於東亞文化的其他重要特徵，諸如群體觀念、對神聖的經文重視、傳統或習俗以及可共享之價值的威力、為人師表的重要性，政治秩序的首要地位等等，又應如何看待呢？另外，修身還帶有對人的個性、人的內在精神性，甚至人的私我的偏執。貝拉是一位對我們社會中個人主義的最有力的批評家，他特別關注激進個人主義的種種傾向，此類傾向正在暗中破壞著美國公眾宗教的社會結構❷。

　　受到這個「問題性」的啟發，最引起我興趣的探索領域之一，就是：是否真正有可能找到一種新的自我觀，這種自我一方面植根於和他人共同生活的現實之中，另一方面又與超越的真理不可分割。本書第一章是針對社會生物學家們主張進行跨學科考察而準備的背景材料，它簡要描述了東亞思想中針對自我實現所採取的雙重取向的理據：⑴每個人都擁有進行終極自我轉化的充足的內在源泉；通過自我努力，我們就能成聖、成佛或成真人，因為聖性、佛性或道就內在於我們的人性。⑵通向至善、涅槃或與道為一的路徑是漫長坎坷的。自我修養無止境，在我們一生中的任何時刻，我們都不可以說自己已經功德圓滿。對日常生活中人的力量的信念，和對個人成長具有無限潛力的慧識兩者之間產生相互影響，使三種東亞傳統都把自我視為動態的、整體的和開放的系統，這種系統恰好與私我化的自我概念相對立。不過，這種自我是否有可能既立足於社會而又不失去對超越真實的嚮往，則尚存疑問。為了說明這個問題，我們需要審視一下構成這種自我概念之基礎的形而上學的假定。

　　第二章提出下述觀點，即「存有的連續性」觀念作為中國宇宙論思想的一大特色，把修身整個問題納入了一個特定的框架。尤其值得注意的是，其中隱含著一套概念架構，它可以容

❷ 關於貝拉對「公眾宗教信仰」的最近反思，見 R. N. 貝拉和 P. E. 哈蒙德：《多種多樣的公眾宗教》(San Francisco: Harper & Row, 1980)。關於他對個人主義的批判，見他的《宗教與大學：無信仰的危機》(W. B. N. 講座，哈佛大學，1982 年)。

納一種自我觀，這種自我觀與貝拉追隨阿拉斯戴爾·馬金蒂萊之後稱之為「科層制式的個人主義」的自我觀顯著不同❸。為人們熟知的那種二分法，諸如自我與社會、物質與精神、宗教與世俗、文化與自然以及創造者與創造物，依據「存有的連續性」觀念，都被降到不那麼顯眼的地位，一個強調部分與全體、內與外、表與裡、本與末、體與用，以及天與人的不同的思維模式，則成為支配的思維模式。其中心問題不是種種靜態的、機械的、分析的區別，而是微妙的聯繫、內部的共鳴、雙向互動和相互影響。其結果是，中國思想家心目中的宇宙就成為「自發地自我生成的生命過程」。這種生命過程所固有的，「不僅僅在於它具有內在聯繫性和相互依存性，而且還在於它具有無限的發展潛能」❹。這樣，中國人就把宇宙理解為一個如同自我一樣的開放系統。由於不存在時間上可指定的開端，因此也不能期望它有一個終點。宇宙永遠在延伸，大化流行不止❺。這種觀念對我們人類有如下的啟示：

> 我們能參與自然界生命力內部共鳴的前提，是我們
> 自己的內在轉化。除非我們能首先使我們自己的情感、

---

❸ 貝拉：《關於神學教育中的舊的和新的規令》（致神學團體聯合會，匹茲堡，1982 年 6 月 21 日），頁 8。見馬金蒂萊的《道德之後》(Notre Dame, Ind.: University of Notre Dame Press, 1981)，頁 33。

❹ 見本書頁 44。

❺ 見本書頁 45。

思想和諧起來，否則，我們就不能與自然取得和諧，更不用說「獨與天地精神往來」了。我們確與自然同源。但作為人，我們必須使自己與這樣一種關係相稱。❻

儒家強調的人文主義，也許初看起來與道家的自然主義相衝突。但是，按照它們對自我修養的共同關注，我們不能說儒家堅持社會參與和文化傳承與道家追求個人自由不相容。道家批評儒家的禮儀，儒家批評道家的避世，都體現一種對話式的交互作用，它反映出兩家之間存在著更深沉的一致。這並不是要否認兩種精神傳統的微妙差別，但是，儘管它們存在分歧，它們卻屬於同一個符號世界。在其中，兩者不僅共存，而且由於相互影響而有助於各自的發展。

〈儒家論做人〉（第三章）原是為一本論文集而寫的，出版該文集是為紀念 W. C. 史密斯教授的工作，它闡述了當時宗教研究的某些觀點❼。史密斯曾堅持不懈地努力解決人的宗教性中歷史積累的傳統與個人信仰之間的問題❽，在這個背景的襯

---

❻ 見本書頁 56。

❼ 《世界宗教傳統：宗教研究的最新見解，紀念 W. C. 史密斯論文集》，弗蘭克‧韋林編 (Edinburgh: T & T Clark, 1984)。

❽ W. C. 史密斯的學術主張在《宗教的意義和目的：人類宗教傳統的一條新路》中簡潔地提出來了。這本書自問世以來多次再版：紐約新美圖書館（蒙特書庫）1964 年版；三藩市，哈柏爾與羅出版公司 1978 年版。

托下貝拉的問題就獲得了新的意義。儒家論學做人這一構想曾被孔子定義為「為己之學」，它是以生活在此時此地的具體的人作為出發點。這個表面看來似乎具有特殊主義的、有時間性的、世俗的和個人主義傾向的觀點，卻是建立在對人性的整體見解之上的。這種見解不僅超越自我中心、裙帶關係、族群中心主義、國家主義和文化主義，而且超越人類中心主義。確實，儒家所謂「與天地萬物為一體」❾的境界是屬於天人兼容的境界，即自我的完全實現，也就是人性的充分現實化，必然導致天人合一。因此，儒家堅持認為自我實現的過程始於自我的具體經驗，這不應被解釋成它主張以有限的、歷史的和特定文化的東西去排斥無限的、超歷史的和普遍性的東西。按照一種比較宗教學的觀點來看，儒家學習做人之構想的意義就在於它洞察到在我們深嵌於俗世的同時卻具有巨大的自我超越的潛能，兩者之間存在著一種創造性的張力。

如貝拉提到的，「科層式的個人主義」是馬克斯·韋伯所深入分析過的「工具合理化過程的合乎邏輯的結果」❿。為了主宰世界而開發經濟資源和心理資源，就像韋伯在《新教倫理與資本主義精神》一書中所描繪的那樣，可能嚴重地歪曲了加爾文主義的精神，用韋伯的生動的說法，它導致曾經輕盈地披在

---

❾ 王陽明：《大學問》，見陳榮捷翻譯的《實踐生活的教訓和其他宋明儒家的作品》(New York: Columbia University Press, 1963)，頁72。

❿ 貝拉：《關於神學教育中的舊的和新的規令》，頁8。

近代西方肩上的斗篷，如今已變成工業世界的「鐵籠」❶。當然，這裡不是估價韋伯解釋歷史的準確性究竟如何的地方。我們也不會因為儒家倫理未曾對從根本上轉變西方並進而轉變廣大世界的工具性合理化過程產生過推進作用而感到什麼自慰。但是韋伯在他的《中國的宗教》一書中，把儒家的精神取向描述為「適應世界」❷，倒與我們的討論有關。儒家所提倡的社會的和諧化，似乎是對泛濫西方的個人主義的一種合理矯正。韋伯所發現的儒家倫理中缺少合理化的潛力，如今卻被認為是一種鑄造社會團結一致的力量。

儘管儒家帶來的信息可能和我們很有關聯，〈先秦儒家思想中的人的價值〉（第四章）卻轉向更為廣泛的關注。就儒家傳統

---

❶ 韋伯的原文表述如下：「清教徒原是在神的呼召下去努力工作；而我們則是被迫工作。因為當禁欲主義超出了寺院的範圍，進入日常生活，開始支配世俗道德時，它就成為建構近代經濟秩序這個巨大宇宙的組成部分。現在這一秩序與機械生產的、技術的和經濟的狀況結合起來，以不可抵擋的力量，不僅決定著直接關心經濟收益的人們的生活，而且決定著一切誕生於這種機制中的人的生活。對他們的這種支配，也許將持續到挖出最後一噸煤燃盡為止。按照巴克斯特的看法，對外在物的關心，應當僅僅是像披在信徒肩上的『輕盈斗篷一樣，隨時都可以扔掉』。但命中注定：斗篷將變成鐵籠」。見馬克斯‧韋伯：《新教倫理與資本主義精神》，T. 帕森斯英譯本 (New York: Scribners, 1958)，頁 181。

❷ 馬克斯‧韋伯：《中國的宗教：儒教和道教》，漢斯‧H‧格思英譯本 (Glencoe, Ill.: Free Press, 1951)，頁 235。

本身可提供的符號資源而言,這種討論,可為自我觀念提供一個新視角,同時又不至於引起個人主義的情調。正如我在這章的結束語中所說的:

> 在歷史上,個人主義作為西方社會推動力的出現,可能曾與某些十分特殊的政治、經濟、倫理和宗教傳統交織在一起。因此,人們似乎可以合理地認為:我們可以贊同把自我視為平等和自由的基礎,而拒不接受洛克的私有財產觀念、亞當·斯密和霍布斯的私人利益觀念、約翰·斯圖亞特·穆勒的隱私觀念、克爾凱戈爾的孤獨觀念,或早年薩特的自由觀念。[13]

最近的學術成果,特別是托馬斯·墨子刻 (Thomas Metzger) 的《擺脫困境》一書已指出,韋伯將加爾文派清教徒內在的禁欲主義與儒家士大夫的入世性格截然區分開來,很可能是錯誤的[14]。儒者像清教徒一樣,也從對自我價值的內在估量中汲取巨大動力,其合理化潛力同清教徒的潛力一樣大,儘管它沒有產生與資本主義精神類似的現象。實際上,儒家利用他們的具有轉化能力的倫理,也許已經把東亞社會塑造成一種

---

[13] 見本書頁 94。

[14] 托馬斯·A·墨子刻:《擺脫困境:宋明儒學與中國政治文化的演變》(New York: Columbia Press, 1977),英文版,頁 3–4、18–19、198–204。

特殊類型的社會——政治秩序的世界，儘管他們並沒有按照資產階級的資本主義方向去改塑自己的社會。

如果儒家的構想，無論就其精神上的自我界定還是就其歷史上的功能而論，都不是「適應世界」，那麼，在它的終極關懷中，人類群體的本體論地位究應如何理解？赫爾伯特·芬伽萊 (Herbert Fingarette) 在他的富有開創性的論著《孔子——以凡俗為神聖》中力求說明，把社會視為外在「神聖禮儀」，使得內在心靈的假設成為多餘❶。這意味著，當我們理解《論語》中「個我中心所在處」時，無需假定一個心理意義上的自我。儘管我極大地受惠於芬伽萊的富於洞察力的見解，但我仍然不完全贊同他對儒家核心的價值觀念——仁的解釋。因此，我在〈仁：「論語」中一個充滿活力的隱喻〉（第五章）中的研究，就是為了對芬伽萊關於儒家構想的當初形成的看法既表示欣賞也有所批評。

芬伽萊研究的一個重要貢獻，在於他強調儒家關於「禮」的思想的普遍性。這就把荀子作為對於儒學之道的重要貢獻者的地位突出出來了❶。但是，不論傳統的或現代的詮釋儒學的

---

❶ 赫爾伯特·芬伽萊：《孔子——以凡俗為神聖》 (New York: Harper & Row, 1972)，頁 1–17。

❶ 芬伽萊對孔子的解釋是以他對《論語》的解釋學閱讀為基礎的。他沒有將自己的解釋立場和荀子的傳統統一起來。但是，他將「禮」作為共同的行為來強調，這有助於我們欣賞荀子的道德教育的重要層面。

著作都一再指出，沒有修身作為參與道德群體之本，那麼，由那些精英分子強加給輕信不疑的群眾的種種禮儀規則，就易於蛻化成權威主義。孟子，這位儒者之道的傳承者，也對以下諸問題懷有濃厚興趣：道德群體的延續，經典的維護，聖人傳統與既定禮儀以及人民常識的生命力，師道尊嚴，以及政治秩序的穩定。不過，儘管如此，他還是把個人的終極的自我轉化當作實現社會價值和政治價值的關鍵。他的人性論，決不是對人的可完善性提出天真浪漫的辯護，而是把我們的注意力引向精神成長的內在源泉。在孟子看來，學習做人，就意味著要陶冶我們自己，以便我們能變成善、信、美、大、聖、神。第六章從身、心、神三方面來描述孟子的自我，是為了向一個研究中國藝術的會議提出一個研究中國美學的取向。

本書的前六章應已說明，在回答貝拉的挑戰性問題時，為什麼我不願轉移對於自我修養的強調，並以此來避免一種可能發生的誤解。儒家把自我看作是各種關係的中心，這種看法與西方的個人主義的差別是如此明顯，以致強調儒家自我的社會性，我們就有可能進一步加深一個錯誤的印象，即個人的尊嚴、獨立和自主不屬於儒家的深層價值。我堅持以修身為中心的一個更重要的理由，是我深感如此解說儒家構想最少在我自己看來是正確的。但我必須馬上補充說，我這種感覺並不是暫時性的。它既不是一種便於啟發的說法，也不是權宜的矯正措施，而是個人的體會。換言之，我經過深思熟慮終於選擇從這樣一種方式著手，不僅是因為我想採取最好的闡析策略，而且也是

由於我自己對於儒家精神取向之實質的理解而激發起來的。

　　我並不認為我們能在 20 世紀的美國用英語來討論儒家思想時，彷彿孔子、孟子和王陽明使用的古漢語術語經過翻譯仍能辭文清晰，毫無含糊之處。有時，在美國大學任教的我的同胞要我相信：與講英語的聽眾討論儒家倫理，其特有的好處在於我們不受一層層堆疊起來的注疏以及注疏之注疏的妨礙干擾。每當遇到這種說法，我都感到極其不安。舉一個例子來說，我不認為在例如有關自我觀念之類的諸多重大問題上，有可能提出一種統一的未經過分化的儒家主張，彷彿存在一種超時間的智慧，它一旦展現，就會始終在本質上保持同一似的。實際上，根本談不上會有那種天衣無縫且一成不變的儒家的自我觀念。

　　我探討與儒家的自我特別有關的那些儒家思想的層面，是十分艱難的。我深切地意識到，依據孟子而不是荀子的思路去理解孔子，或按照王陽明而不是朱熹的思路來理解孟子，迫使我只能從一種特別的視角進行思考。因此，即使是在儒家傳統的範圍內，我的學術觀點所具有的普遍性，或者說是普世性，也是有限的。儘管如此，我勢必受到約束的這種狹小眼界，卻從比較的觀點為探索人類永久關注的問題提供了一個具體實在的基礎。誠然，當我第一次接觸這些見解時，我並沒有將它們當作自明的真理。如果我相信它們不能成立，那我就決不會試圖去維護它們。主要是在那些鼓勵我將自己的特殊研究與更廣泛的一般的問題聯繫在一起的人們的啟發下，我才以這些觀點的代言人自任，並認為這些觀點是可分享的，甚至是可普適化的。

依次經過孟子、王陽明的「問題性」所揭示的孔子，會如何回應由貝拉的「問題性」引起的那個自我問題呢？第七、八兩章試圖表明，出現了構想這種回應的可能性本身就是意味深長的。第七章針對一個相當普遍的設定，即儒家的自我，在諸種社會角色所構成的等級結構背景中，不可避免地會淹沒於集體之中。父子關係似乎提供了一個極好的例子。在這個例子中，儒家思想支配下的兒子為了維護社會秩序而順從父親的權威。貝拉認為，「儒家對父子關係的提法，阻止了任何戀母情結的矛盾心情所產生的後果，剩下的只有順從，這種順從分析到最後，並不是對某一個人的順從，而是對被認為具有終極價值的人際關係的模式的順從」**⓱**。這種對政治的和家庭的權威之首要性的強調，使貝拉產生下述見解：由於儒家文化「缺少一種超越性的忠誠，因而排除了新教文化所曾產生的那種創造性社會變革的發生，而這種超越性忠誠原可以為這種變革提供合理論證的」**⓲**。

但是，如果我們的確承認儒家傳統中修身的中心地位，那麼，支配父子關係的原則就是一種對等交互（「恕」）的，而不是一方屈從另一方的原則。兒子所以要孝順，不僅是為了對父親的肉身的尊重，而且也是為了實現父親的自我理想。進一步

⓱ 羅伯特·貝拉：〈基督教和儒家中的父與子〉，收入他的論文集《超越信仰：論後傳統世界中的宗教》(New York: Harper & Row, 1976)，頁 95。

⓲ 《超越信仰：論後傳統世界中的宗教》，頁 95。

說，按照儒家的看法，社會的二分體（指由兩人構成的成對的人際關係，如君臣、父子、夫妻、兄弟等等）不是一種固定不變的實體，而是捲入豐富多彩和不斷變遷的人際關係網絡之中的生氣勃勃的互動關係，這種人際網絡始終是在其他重要的二分體關係的參與下編織而成的❶。從這樣一種廣闊的脈絡出發來看問題，儒家思想中的父子關係，為人的自我實現規定了一種給定的、卻又可以轉化的生存狀況。但是，說儒家的自我必然帶來他人的參與，並不意謂著，它首先突出的只是一種社會學的含意，因而缺乏深刻的宗教含意。

> 理解這一點的關鍵在於，儒家不僅將自我視為種種關係的中心，而且視之為一種精神發展的動態過程。在本體論上，自我，我們原初的本性，為天所賦。因而，就其可涵潤萬物而言是神聖的。在這個意義上，自我既是內在的，又是超越的。它為我們所固有；同時它又屬於天。❷

第八章〈宋明儒學的宗教性和人際關係〉進一步闡述了我對上述主題的思考。這裡重申了一個我原先提出過的觀點，即「為己之學」。既然作為種種關係中心的自我是一個開放系統，那麼，所謂自我實現就是建立一種層層擴展的人際關係的同心

---

❶ 見本書頁 149。

❷ 見本書頁 159。

圓。這種逐次擴大的人際關係的圓圈必須通過自我、家庭、國家和天下等層層結構而發展起來；它也必須超越自私自利、裙帶關係、種族中心主義和人類中心主義而保持自己的動力和本真性❷。自我的這種擴展和深化的特徵，用孟子的話來說，就是「大我」的展現以及隨之而來的「小我」的消融❷。

孟子主張，人心的無限的感受性為無止境的自我成長提供了基礎。通過我們人的感受性的充分實現（盡心），我們就能真正地理解我們的本性（知性）；而通過對我們的本性的理解，我們就能知天。由於把單個人的修身不僅視為人的自我認識之本，而且視為知天之本，因此，孟子認為：自我的終極轉化不是個人對其內在精神性的孤往追求，而是一項群體的行動。也就是說，人際關係是個人追求精神性的完滿實現的不可缺少的組成部分。然而，把一個人在各種成雙的二分體關係的特殊網絡中的境遇看成是事先給定的，決不是意味著就此完全順從所規定的社會角色，而是意味著他已認清開展並完成學習做人任務的最切近和最富成效的途徑究竟何在。總之，按照儒家的看法，生命的最終意義決不會在一個「全然的他者」中找到，因為它與我們普通的日常生活是不可分割的。

最後一章〈宋明儒學本體論初探〉探討了宋明儒學主要思想家如何理解人性的形而上學基礎。由於他們致力於弘揚孟子關於通過自我努力可以完善人性的信念，所以其中心問題是：

---

❷ 見本書頁 175。

❷ 《孟子》，第 6 卷（上）第 15 章。

我如何才能成聖？由於聖意味著人性的最本真的展現，因此，這個問題實際上就等於是：我如何充分實現人性？進一步說，既然如上文所言，在儒家看來，學做人必須通過「為己之學」來實現，那麼，這個問題也就相當於：我如何才能真正地認識我自己？或者用宋明儒家更精緻的話來說，我何以修養我的「身心」，以便我能真正地理解人的本性，並進而知天？

從比較的觀點看來，似乎宋明儒家的本體論恰好同康德的形而上學相對立，前者建立在對於人類的感受性——即作為自我組成部分的那種去感受、領會和體驗不斷擴展的實有之能力——確信無疑的基礎之上，而後者則以排除任何情感內容的道德意志之客觀性為其顯著特色。但是，自從我寫出這篇〈初探〉以來，我就不斷地被隱藏在這兩種外表看來互相衝突的形而上學觀背後的相同的觀點所打動。如果我們深入探究一下康德想通過「目的的國度」為道德自律奠定形而上學基礎的令人敬畏的嘗試❷❸，那麼，我們就可以發現：康德對「絕對命令」所賴以產生的形式和原則的深切關注，可以在宋明儒關於內在於人性的「天理」是道德創造之真正源泉的主張中找到共鳴。在前述伯克利－哈佛會議上被貝拉強烈否定的所謂康德學說的「形式主義」，或許只是康德對人欲、自私自利和自我欺蒙的完全正當的憂慮的一種表層表現，而這種憂慮我認為也是宋明儒學思想家所同樣具有的。

---

❷❸ 伊曼努爾·康德：《道德底形而上學的基礎》，劉易斯·懷特·貝克英譯本（紐約：博斯－梅里爾，1959 年），頁 58–61。

　　通過與我的良師益友本杰明‧I‧史華茲的多次切磋，我認識到：在廣泛的比較研究中，把東方與西方（或同樣地說，把北方與南方）截然分開，對深入的思考往往並不能提供必要的推動作用。毋寧說，倒是兩者之間的微妙的和細小的差別，為批判性的學術研究提供了更大的機會。儒家自我涵義中的「富有成果的多義性」❷❹，使我們無法對貝拉的挑戰性問題給予直截了當的回答，但它可以促使我們按照新的視角來思考這個問題本身。這九篇論文是在一個相當長的時期內出於種種不同的目的寫成的，用羅伯特‧C‧內維爾的客氣的說法，它們所「嘗試的是傳述和詮釋，而這正是孔子本人對自己的理解」。不過，這些嘗試不僅僅是對儒家自我概念的傳述和詮釋，而且也對應當如何探索儒家傳統中的豐富資源提出一些方法，以舒解把儒家的自我作為創造性轉化的觀念加以理解的困難。

---

❷❹ 我得益於史華茲的這個發人深省的看法。他反對把有待清理的繩頭線尾草草結扎了事的做法。這種看法，無論是作為一種學術風格或是比較思想史研究中既精密又具有同情態度的方法，都對我們工作具有十分重要的啟發。他發表的《古代中國人思想世界》（哈佛大學出版社），將使我們進一步看到他對化約論的卓越的批評。

一、東亞思想觀念中的「道德共範」❶

　　東亞思想的顯著特點體現在一個被普遍接受的命題上，即人可以在日常生活中通過自我努力而完善起來。這個命題是以兩個相互關聯的觀念為基礎的：⑴人之為人的獨特性是一個倫理宗教問題。若把它還原為生物學、心理學或社會學問題，就不可能得到適當的解答；⑵自我發展的實際過程不僅是對純粹道德或精神性的追求，而且必然要涉及人類生活的生物學的、心理學的和社會學的現實。為了方便起見，我把第一個觀念作為一種本體論準設，而把第二個觀念作為一種經驗性主張。在本章中我先對上述那個命題作些總的考察，指出東亞思維方式中與我們目前討論有關的某些顯著特徵，然後，我將較集中地研究一下上述兩個基本觀念。出於簡潔之目的，關於東亞思想的討論只限於儒家的孟子學派、道家的莊子傳統和佛教的禪宗思想。

　　首先應當指出，我們所研究的「三教」的中心關切都是「自

---

❶ Moral Universal 暫譯「道德共範」。Universal 一詞乃借用語言學家 N. Chomsky 提出的 lingustic universal 中的 universal ， 指的是人類天生的共同的語言構架。

我認識」。由於根本就不存在作為道德或精神性終極來源的「造物主」的概念，因此根本不存在求助於「徹底的他者」來作為人的可完善性的真實基礎。毋寧說，其重點在於學習做人。這種學習以一種永無止境的內在明覺和自我轉化的過程為特點。儒家以成聖為理想，道家尋求成為「真人」，佛家則關切回歸人的「本心」，這些都表明東亞思想的歸趨可以說是一種向後退回到真我的出發點的認識道路。

這種意義的「認識」，並不是對客觀真理既定結構的認知性把握，也不是內化技能的獲得。它基本上是對一個人的精神狀態的理解和內在情感的體驗。由於假定對自我的真正認識必然導致改造自我的行動，因而在這個意義上的知，就不僅是反思和理解，而且是塑造和創新。認識自我同時就是完善自我。我認為，這就是東亞思想之所以既注重解答真正的自我是什麼，也同樣注重解答如何磨練自我的問題的主要理由。對儒家、道家和佛教徒來說，自我認識主要是一個宗教倫理問題，儘管它不可避免地帶有認識論的內容。

在更深一層的意義上說，自我認識既不是要「知道什麼」，也不是要「知道如何去做什麼」；它實質上是一種無對象的覺知，是人類「智的直覺」的可能性的實現。自我認識不過是人的真正的本性（即儒家的內在的聖性和禪宗的佛性）的顯現。而真正的本性不僅是一種有待認識的存在，而且是一種自我創造和自我導向的活動。不過，雖然自我認識不依賴於經驗之知，但是它並非與感覺經驗或「見聞之知」不相容。因而，自我認

識同經驗之知的關係，既可能相互對立，又可能相互補充。道家以一種極端的形式認為，為了體現道，人們在求道的過程中必須首先放棄自己所已獲知的一切。但是，放棄關於世界的支離混亂的看法是一回事，把自己封閉在一個完全自我陶醉的狀態而失去現實感則是另一回事。一般說來，東亞思想在集中注意自我認識的終極價值的同時，也是認真對待經驗之知的。

這裡有必要對「智的直覺」的觀念作一些闡發。「智的直覺」觀念與非理性主義和神祕主義有重大區別。誠然，它確實宣稱能直接認識現實而無需邏輯推論或推理。但是，與那些通常和神祕主義聯繫在一起的東西不同，它與神祕的啟示幾乎沒有什麼關係。事實上，沉思靜觀作為一種不用理性思維而直接認識上帝的真正本質的方式，其整個傳統對東亞思維方式是陌生的。毋寧說，每一個人都具有「智的直覺」的可能性是以這樣一個假定為基礎的：既然人與天地萬物形成了不可分割的統一體，因此，他的感受性在原則上是無所不包的。造物主和被造者之間的神學上的區分，意味著在神的智慧和人的理性之間存在一條不可逾越的鴻溝，但是在這裡這種區分則被李約瑟轉變成為所謂有機論的洞見❷。因而，人被看作生來就具有深透物自體的潛能和洞察力，或用禪宗的話說，即具有看穿「生死輪迴」之如如❸的卓識。這與基督教關於人性中生來就有神性

❷ 李約瑟等著：《中國科學技術史》，6 卷本（劍橋：劍橋大學出版社，1954 年起出版），第 2 卷，頁 287。

❸ 「輪迴」為佛教用語，意為如車輪迴旋不停，眾生在所謂三界六

的觀念相似：在人墮落以前，人是按上帝的形象創造出來的；在中世紀基督教的思想中，人有時被定義為有限的神性。

如果這種有機論觀點被理解成不過是原始物活論❹的一種形式，即一種顯然與自然現象的科學解釋相衝突的教義，那是不幸的。有機論的見解決不是對個體中擺脫肉體的精靈之持續存在和相互作用的盲目信仰，它似乎是一種既不否認也不輕視人的獨特性的哲學人類學結論。事實上，它同意非進化論的見解，即人類發展史有它自身的特殊結構，而這種結構不可能用支配整個動物界的一般法則加以充分說明。不用說，有機論也不承認有一種住在現實世界的任何物質形態中的分立的精神。因此，把有機論見解當作一種生態學的洞見，將人放到一個極其複雜的相互依存的網絡中，或許並不牽強。

假如不把有機論的見解看作物活論，而把它看成人類中心論的一種形式，也是同樣不幸的。人有「智的直覺」的可能性，不應當被看成是一張讓人的意志強行操縱自然的許可證。普羅米修斯式的對抗挑戰和浮士德式的焦躁不安，與東亞思想所珍視的和諧——既作為社會目標又作為宇宙理想的和諧——的價值是完全不相容的。相反，人的意志的真正表現應視為是終極的自我轉化，是一種自我解放而不是一種對外的征服。對儒家、道家和佛教徒來說，知識是一種啟迪，一種自我察照的力量。

道的生死世界循環不已。

❹ 物活論，亦稱「萬物有靈論」。認為自然界所有物體都具有生命和精神活動能力的哲學學說。

只是在其扭曲的形式中，知識才變成一種征服的力量。按照這種思路，要完全成為人，就需要有使自我與日益擴大的關係網絡經常保持和諧的勇氣和智慧，這就需要一種超越人類中心論限制的視角。

但是，這個超越的視角決不允許脫離我們所生活的此時此地的世界。東亞一切主要精神傳統之所以都強調把內在體驗當作宗教倫理考慮的基礎，其部分原因即在於茲。這種內在體驗不僅僅是為系統分析提供思想範疇的那種抽象的「內在體驗」，而且是進行哲學思考的思想家的具體的內在體驗。宗教和哲學的界線不可避免地被模糊化了。通常與心理分析學科相聯繫的東西，都變成在宗教上和哲學上有關聯和有意義的東西。東亞思想有意識地拒絕──或者也可以說沒有能力使自己遵從──具有現代高等教育特徵的學科劃分。這不單純標誌著東亞思想缺乏分解性，而且標誌著它具有那包涵著豐富內容的模糊性的整體性。確實，日常經驗，如飲食起居都被看作對道德和精神的自我發展具有重要象徵意義而受到重視。

舉例來說，在儒家看來，每個人的行為都可視為一種古老儀禮的重演。每一姿態，例如飲食，在養成適當形式以前都需要經過大量的練習。只有通過社會認可的形式，人們才能建立起為自我修養所必要的交往。這樣，人的成長可描述成一種禮儀化的過程。然而，據此就把儒家說成是一種儀禮主義，則是一種誤解。把已牢固建立的社會規範強加給那些不得不屈從於擁有無限權力的社會之中的個體，充其量只是把儒家意識形態

加以高度政治化控制的結果。與此相反，儒家倫理學是建立在
人所共有的情感，例如設身處地惻隱之心之上的。這裡的禮儀
並不是一種固定的規範，而是一種靈活的，動態的程序，有了
這種程序，自我實現作為群體參與的具體手段而不是作為對內
心真理的孤獨追求，就成為可能。禪宗的「頓悟」(Satori) 之說
表面上看似乎與禮儀化了的世界針鋒相對，但是，正如禪宗大
師們一直提醒的，有明覺的體驗是對常識的肯定而不是否定，
因為諸如擔水、劈柴一類的簡單活動都是成佛之道。同樣，道
教也肯定人的普通生存的固有價值。它們在某種意義上都涉及
了實際生活的藝術。

　　東亞思想家們所謂人的概念——即不受超驗的上帝的干
預，卻需在日常生活中自我完善的人的概念——只有在一種異
常深沉的宗教意義上才是無神論的，現在指出這一點至關重要。
對自我實現的終極關懷，實際上需要一個內在的道德轉化和精
神轉化的無止境過程。然而，生命的目的性，並不是一種由上
帝預定的和諧的宇宙設計❺意義上的目的論。事實上，人類經
常悲慘地處於漫無目的和孤立無援的境地，猶如漂泊在「永不
寧靜的波濤之中的無舵之舟」。用活力論的內在活力來規定聖性
或佛性是錯誤的。人能夠成聖和成佛，因為他們被賦予了道德
的「萌芽」（「端（緒）」）或明覺的「種子」，但是，認為這些萌
芽和種子在功能上就相當於某些活力論者所斷言的那種東

---

❺ 「預定和諧」，是德國哲學家萊布尼茲的術語，意為由於上帝預
　　先作好安排，構成世界上一切事物的「單子」才和諧一致。

西——即一種假設用來保證人類機體達到成熟的、內在的但是
非物質的能力，則是很成問題的。理由之一就在於儒家和佛教
都認為精神性和物質性的二分法是毫無意義的。儒家所謂「心」
（它不得不被笨拙地譯為 "heart-mind"），就是典型的一例。孟
子企圖將人生的情感方面與自我發展的其他層面綜合起來，認
為「踐形」的實現是自我修養的最高表現。在禪宗，涅槃即紅
塵的論斷及其派生的所有觀點，顯然拒斥形體與心靈之間人為
的兩分法。耐人尋味的是，東亞思想中的三教所共有的基本隱
喻都是道。

　　根據以上討論，東亞的道得以表達的論說情境，至少有以
下特徵：⑴探詢者既是外部觀察者，同樣也是內在參與者。要
說自我認識的一般問題完全與探詢者本身的自我認識不相干，
那是不可思議的。事實上，隨著探詢過程的展開，探詢者對一
般問題理解的深化和拓展只能達到他的個人轉化對此理解所能
切身印證的程度。然而，⑵如果由於東亞的道非常強調內在體
驗就推斷它是主觀主義的東西，則是錯誤的。實際上，「智的直
覺」的觀念並不給任何特殊的個體以通往真理的特權。個體性
概念是與它毫不相容的。毋寧說，它是以對共享性和共同性的
強烈意識為基礎的。換句話說，被認為完全屬於個人的這種體
驗根本就不是個體所私有的；自我認識之所以是內在體驗的一
種形式，正是因為它與他人的內在體驗相共鳴。因此，內在性
並不是一種唯我主義的狀態，而是交往的現實基礎，或用道家
的話說，是「神會」的現實基礎。正是在這個意義上，⑶先前

提及的有機論觀點既不是萬物有靈論也不是人類中心論的產物，而是人類在日常生活中尋求生命終極意義的超越觀念的產物。當然，人們常常以為理所當然的是，在人類日常生活中永遠找不到生命的終極意義，通常所見的靈魂與肉體或神聖與凡俗之間的區別，就清楚地表明了這一觀點。與此相反，論說東亞之道的「三教」都主張日常生活不僅是一切有意義的道德和精神旅程的起點，而且也是它的最後歸宿。它們相信，在任何倫理宗教傳統中，對永恆價值的真正檢驗是常識和健全的理性。但是，它們決不頌揚日常言語中枯燥無味的陳詞濫調。實際上，它們對日常生活的關注所表現出來的精神實質，委實說來，就是赫爾伯特·芬伽萊所謂的「以凡俗為神聖」❻的東西。

依據這種思路，我們可以就上述本體論的準設再說幾句。做人的獨特性，首先必須超越人們熟知的各種形式的化約論。僅僅依據生物學、心理學或社會學的結構和功能來界定人性，是錯誤的，因為，更廣泛地從多方面去把握人性是必要的。然而，盡可能地把「人」的特點加以經驗羅列，也是不能令人滿意的。使用這種辦法來討論我們的問題勢必從根本上對我們的問題意義作了原則性改變。換句話說，對於做人的獨特性問題永遠也無法從科學上作出解答，因為生物學、心理學和社會學的發展從來就無意為它提供答案。

因此，關於人性的可完善性的設定，在經驗上是不可證明

---

❻ 芬伽萊：《孔子——以凡俗為神聖》。

的。然而，它肯定不是理性所不能理解的未經驗證的盲目的信仰。它的層次是本體論的，因為它指出了一種理解人的存在的方式。當然，可完善性預設了可塑性和可變性。一般說來，完全可以想像塑造或變化的結果未必會產生原先所期望的完善，因此，人性似乎也可以被看成是可墮落的，就像可以被看成可完善的一樣。然而，「三教」都進一步主張，人性中有一種固有的自我發展的道德和精神傾向。只有當這種固有傾向遭到內部和外部的複雜原因挫傷時，人性才會被破壞或誤入歧途。正是在這一點上，孟子才堅決主張把人性的善看成是自我實現的真正基礎。因此，在這裡有必要對孟子的這一論點加以簡要的闡述。

孟子斷言，每個人都賦有「善端」，也即人們所熟悉的「心」的感受性。心固有四種基本人類情感的萌芽：惻隱之心，羞惡之心，辭讓之心和是非之心。儘管社會環境和心理環境在人的成長中起重要的作用，但這些情感萌芽的力量卻是道德或精神的自我發展的內在結構性原因。嚴格地說，道德性或精神性不是通過學習而內化的，而是通過學習表現出來的。因此，在孟子傳統中，學習做人被看成內在道德和社會規範的一種「相濡」，而不是把外在價值強加給未經教養的心靈。事實上，心既是認知器官，又是情感器官，既象徵著意識，又象徵著良心的功能。因為它不僅反思現實，而且在理解現實時也塑造現實並創造現實對自身的意義。

同樣，在道家看來，內心的慧照是自我解脫的真正基礎。儒家的價值，例如仁與義之類，被莊子當作不必要的東西拋棄

了，並被看作是無益的社會和文化的制約，妨礙本性的自然發展。然而，對道的追求卻需要一個終極的自我轉化過程，這一過程既不訴諸靈魂不朽，也不訴諸上帝的存在，而是訴諸於真我所固有的「智的直覺」。禪學的「慧」，通常譯為「直覺的智慧」或「不二之知」，也是指心靈的不可剝奪的品質，這種品質在每個人身上以真實的佛性表現出來。

與此相應，「三教」儘管對道德和精神的自我發展的實際過程有不同的看法，然而儒、道和佛卻都有一個基本信念，即雖然從存在狀況說人達不到他們所應當成為的那個樣子，但他們可以通過自我修養而完善起來；而他們能夠充分完善的根據就內在於他們自身之本然。因此，既非過去的原初狀態也非未來的烏托邦設計，而是此時此地的人類所處的狀況，成了他們關注的中心問題。正是在這樣的意義上，關於人的可完善性的本體論設定必須用關於具體道路的經驗性主張來補充。通過這條道路，人自己固有的「萌芽」和「種子」最終就能結成果實。這可以說明東亞思想中某些貌似簡單的悖論，諸如：

①人人皆有成聖的本性／實際上沒有人能自稱聖人，即使是孔子也不例外。

②一切有感知的存在物都秉賦有佛性／不通過圓寂永遠無法進入涅槃。

③道無處不在／只有最敏感和最精微的心靈才可聞道。

應當指出，萌芽和種子僅僅構成這方面所使用的多種形式的隱喻之一。另一個經常使用的比擬是深掘和深鑽，它暗示著

個我親知 (personal knowledge) 具有多種程度和層面。一個人，只有當他深察自身存在的最深層根基之後，才能真正品嘗到他的具有明覺的自我的「滋味」，同時也才能富有意義地提供與他人溝通並真正理解事物真實的可能性。如此設定的自我，決不是孤立的和封閉的個體，而是人類群體的每個成員都可達到的一種可分享的共同性。不過，這裡的共同性決不意味著等同劃一，注意到這一點是十分重要的，因為當它為不同的人所感受、所表現時，必然會獲得各種不同的意義。唯心主義關於一切理性的存在者最終都會意見一致的觀點，有很大局限性，因此，它不能說明東亞思想中共同自我的複雜結構。也正是在這個意義上，三教都承認道德的和精神的自我發展不僅必須包括逐步完善的各階段中的匯聚歸一，而且也包括所追求的道路的多樣化。倫理宗教思想中的排他主義之所以被拒絕，主要因為堅持單一道路不能容納作為整體的人類的不同利益和關切。對我來說是最好的道路，對我的鄰人未必是最好的，這種認識是東亞社會和文化中不同的、甚至相衝突的信念得以和平共存的不可少的心理要素。例如，有意以否定形式加以表達的儒家的金科玉律是：「己所不欲，勿施於人。」

　　不願將自己的做法強加於他人，是考慮到他人的人格莊嚴，並且也認識到人永遠不能像理解自己那樣在同等範圍和同等程度上充分地理解他人。然而，無知的紗幔不應當妨礙一個人不斷努力去同情他人以之作為他自己尋求自我認識的組成部分。確實，群體意識——這是有機論觀點的一種表現——在道德的

和精神的自我發展中是絕對重要的。三教中唯有儒家毫不含糊地斷言，社會對於自我實現不但是必要的，而且具有內在的價值。道家和禪宗似乎不重視人際關係，但無論是道家還是禪宗，都不小看生活的世界，而認為它是衡量宗教倫理發展的富有意義的脈絡，因為來世、天國和地獄的問題被他們有意地淡化了。我想，正是這種在塵世中互相歸屬之感，使得三教一致努力鏟除所謂「個人主義」的謬誤。儒家對自我中心論之錯誤的揭示，禪宗對信靠唯我論的警告，道家對忘我的提倡，似乎都指向超越私我境界以參與共享理念的必要性。

由此可見，三教的基本觀點是一致的：即平等而不劃一。道德的和精神的自我發展可理解為主體性逐漸深化的過程，但不應當把這一過程看成是對一種純粹道德或精神性的追求。內在真理是與脫離人類的某種超越的實體神祕地聯繫在一起的觀念，在東亞思想中根本不起重要作用。臻於完善的自我決不能被想像成一個具有超人品質的非人格化的實體。這也可以部分地說明為什麼三教都缺乏教士（一種假定介於凡俗和神聖之間的精英分子）。儒、道、禪的大師們被看成是模範導師。他們可能試圖指導、訓練和啟發學生，但其目的永遠在於喚起學生的自我努力，因為自我實現的最終根據在於一個人自己的內在力量。

從這些觀點來看，「道德共範」具有雙重意義：(1)人類是有道德的，作為可自我完善的存在物，他們不可能僅僅受求生存的本能驅使，亦即僅僅是受維繫群落穩定及其種屬延續的必要和需求所制約。人之為人的意義具有其獨特的個人性質，因此，

各種功能性的解釋不管它們試圖囊括的範圍多大，都難以逃脫化約論的危險。確實，人的簡單行為，諸如飲食起居等等，都有深刻的象徵符號意義，使它們在質上不同於其他動物的類似「行為」。人的飢餓，從自然主義的觀點來看，可能不過是動物王國的共同生理狀態，但在象徵符號意義上卻是一種特殊現象。因此，人的發展其內容遠遠超過生物的機體生長、心理上的成熟和社會規範的不斷內化這三者的結合。(2)不過，人也不可避免地是生物的、心理的和社會的人，並且為了實現自身，他們必須把這些限制轉化成自我發展的必要「媒介」。要學習成為人應當成為的樣子遠不是要完全否定人現存的樣子，而是必須從有鑑別性的自我反省開始，從「近思」開始。因此，共同體驗到的情感就成了培植個我親知的出發點。能真正拓寬人的視野和深化人的意識的，不是禁欲主義，或許倒是平衡的攝食；也肯定不是神祕主義，而是訓練有素的心靈。「靜坐」、「調息」或「坐禪」的方法，雖然在不同的傳統裡的重要程度大不相同，但它們似乎都暗示著那既已給定的「身心」畢竟是偉大的倫理宗教洞察力產生的具體場所。那種不承認生物學、心理學和社會學因素的所謂純粹的道德和精神性，是一種不可能為東亞思維方式所接受的說法，正如極端形式的行為化約主義不會為它所接受一樣。孟子的話可謂精闢之至，他斷言，如果我們能充分地擴展那種不忍人之心的共同情感體驗，那麼，我們的人性就會無窮無盡地豐富起來。

更進一步的思考

　　我曾為在達萊姆召開的「道德的生物學基礎」研討會準備了一份關於東亞思想概述，其目的是為了給這個研討會提供背景材料。現在回顧當初，尤其是根據克利福德‧杰爾茲對我的論述所作的發人深省的評論，我想提供一些也許對我們協力提出的心理學和哲學問題有直接關係的看法。為方便起見，我把我們的注意力引向王陽明的思想，因為人們認為王陽明曾把佛教禪宗的智慧、道家的審美感受力與儒家對人文主義的關注結合起來。這可以幫助我們更集中地注意所謂三教的顯著特點。首先應當指出，王陽明，這個被稱為前現代中國極富獨創性和影響力的思想家，是傑出的學者兼官員，他自覺而認真地把他的形而上學理念付諸實踐，並通過他自己的心路歷程證明他所堅持的信念。實際上，他一生的歷史就是他所提出的「知行合一」理念的典範，他把這理念視為自己思維方式的顯著特點。

1.大人者，以天地萬物為一體也

　　王陽明的《大學問》開篇就這樣寫道。這是他畢生詳盡闡述的中心論點的一個綱領性見解。他在這裡所要表達的，既不是一種知性的理想，也不是一種道德的訓令，而是如同杰爾茲指出的，主要是「一種支持道德性的共同的感情體驗」。這種共同的情感被明確地描述為「不忍人之心」。使人誤以為只是簡單

的經驗之談的背後是那本體論的關於「心中之仁」的論斷。大人之所以能以一種真誠的和自發的方式表現他對另一種東西（人、動物、植物或石頭）的移情和同情，其原因就在於心本身的結構。確實，王陽明追隨孟子主張「不忍人之心」是一種生來就有的能力，而不是通過模仿習得的（儘管它必需強化和銳化）。當然，這並不意味——用沃爾夫 (P. H. Wolff) 的話來說——人類感受性的成熟「不受具體社會環境影響」。相反，從機體發展的觀點來看，這種能力倒像一枝嬌嫩的幼芽，如果得不到適當培育，就很容易受到挫傷。

人的這種油然而生的感受性的對立物，常被人們說成是自私（或自我中心），即拒絕分享、關心以及給他人以感情。自私行為顯然和萊因古爾德 (H. L. Rheingold) 和海埃 (D. F. Hay) 稱作「幼兒的前社會行為」，是互相衝突的。萊因古爾德和海埃從經驗層面所肯定的幼兒的善良品質，無論從本體論或本體發生論上說，都是心所固有的原初能力。不難理解，人的成長依賴於學習者（例如幼兒）作為一個「伙伴」，甚至於說，作為一個「化社會」的人（即一個關心、同情他人並與他人分享的成長過程中的「大人」）的積極參加，這種依賴程度決不亞於通常稱之為來自外部的「社會化」過程。這條中間道路也必須既排斥「規範性的生物學主義」，又排斥「規範性的社會學主義」。

王陽明所闡明的觀點實際上是以一種形而上學的理念為依據的。如果正確地加以理解，那麼這種見解是與亞里士多德和康德式的主張相一致的，即對人類來說，「理性」之所以是最有

價值、最基本的東西，恰恰就因為它不受遺傳的約制，因而完全「與生物學無關」。例如，人類社群所共有的普遍情感的先天性，被看成是構成天地萬物之基礎的同一個「理」的表現。的確，萬事萬物中只有一個「理」；這個「理」在本質上可為「心中之仁」所知。這種體現於每一具體事物的「理」，與柏拉圖的空洞的理念不同，它是飽滿充實而又包羅萬象的「理」。在此處人與動物、植物或石頭之間沒有本質區別。人的獨特性，就在於他具有認識並通過自我努力來彰顯他身上的「理」的能力。

人之所以有這種能力，是因為從本體論上說，他被賦予自我實現的「仁心」；按〈中庸〉的傳統，自我實現必須伴有他人的實現。但是，在實踐中，如果不付出堅持不懈的努力去實現自我的發展，人就會在實際上變得像頑石一樣感覺遲鈍。在中國文獻中廣泛運用的這一比喻似乎暗示，儘管人是體現宇宙之「理」的最有覺情的存在物，但他的現實狀況也可能最終變成他能夠變成並本應變成之狀況的拙劣的仿製品；道德不僅是人的權利，也是人的義務。這使我們想起康德。然而，與康德不同，王陽明相信，「理」是最終意義上的人性的真正含意。結果，康德主義的形式主義的取徑，在這裡為一種對道德情感之普遍性的訴求所取代，這種情感有生物學的根基，但不是由遺傳決定的，因為「理」和「仁心」是同一實體。

2.存天理、滅人欲

一方面認為「心中之仁」具有普遍性，另一方面又認為人

的偉大就在於最大限度地發展這種共同情感。在這個論斷中隱含著人的兩種相互衝突的形象。他能在心中「體驗」宇宙，這種體驗是活生生的具體經驗，而不是單純的理智投射。用周敦頤 (1017–1073) 的話來說，被這樣設想的人，象徵著宇宙創造過程的「最靈」（周敦頤認為「萬物生生，而變化無窮焉。惟人也，得其秀而最靈」）。不幸的是，人也很可能受到「人欲」的限制和腐蝕，而「人欲」既有生物學根基，又有社會環境方面的條件，以致他實際上能對自己及其最親近的家人採取非人性的虐行。即使沒有關於「墮落」的神話，從人的道德到不道德的可能範圍也是非常廣闊的。人可以超越人類中心主義（更不用說唯我主義和種族中心主義），擔當自然的監護人；但是他也能表現出對自己和其他存在物的侵犯性，成為宇宙中最具破壞性的力量。

由此可見，「天理」與「人欲」之間的對比具有重大意義。王陽明認為理所當然的是，真正的人性必然表現為最普遍意義上的「理」。弔詭的是，「人欲」作為自我之有限的和扭曲的表現，有礙於心的原初的律動。這就是「人欲」又被稱為「私欲」的理由。就像自私阻礙著自我真正發展一樣，「人欲」也妨礙著人性的真實表現。因此，王陽明認為，「為大人之學者亦惟去其私欲之蔽，以自明其明德，復其天地萬物一體之本然而已耳」。

事實上，必須把存天理和滅人欲理解成自我修養的統一努力，它表示人的終極轉化的整體過程。在這方面關鍵的概念是「意」（意向），尤其是表現天理所賦予的「明性」的意志行為。

對「仁心」的一種更精微的描述——一旦與世界相遇，就創造出人類所理解的價值。在這個意義上說，學習做人就包含了人的「良知」的不斷發展。我看不出這一思路與納格爾 (T. Nagel) 的分析有何明顯衝突。納格爾認為：「使自己的前反思或自己固有的種種反應接受批評與修正並創造新的理解形式的能力」，是人類從自己身上所發現的獨具品質。但是，我必得承認，王陽明的「良知」不僅僅是一種知性功能，也不僅僅是知覺和動機的起點。當然，它與生物本能論更是風馬牛不相及。事實上，它是一種感知方式，前面我曾把它作為「智的直覺」的功能提到過。其特徵是，作為一種批判的自我意識，它能理解我們的真正本性並把握物自體，這就是康德認為人所不可能具有的那種能力。

要為這一貌似狂肆的主張作辯護是比較簡單的：「認識你自己」就意味著要認識你的本性中所固有的「理」。既然總的說人和事物的基礎是同一個「理」，那麼，其他理解形式由此產生的程序與自我認識的程序，歸根到底就是同一個程序。但是，設定自我認識所達到的水平必然會產生相應的對人類和事物的總的認識水平，並不就是主觀唯心主義的表現。因為，這樣理解的真我決不是孤立的實體。唯我論的困境（它也許是自我中心的極端情況），如果與此點有關，也可以通過直接訴諸共同情感的經驗而在實際上予以排除。對宇宙一體的體察，或用張載 (1020–1077) 富有詩意的話來說：「乾稱父，坤稱母……民，吾同胞；物，吾與也」，是按照儒家傳統來進行理解的根基。因

此，困擾著懷疑論者的關於外部世界和他人心靈的整個哲學論爭從來沒有得到發展。至於說這種思維方式最終是否會導致一種萬有精神論❼，那已超出了我們現在討論的範圍。不過，顯而易見，這裡介紹的主張與那種認為用生物的或物理的結構本身就能解釋人的道德的觀點，是根本對立的。

這種思路，關注的是人的經驗的共同性和可分享性，確切地說，是存有的統一性和連續性，它和查理士·弗雷德 (Charles Fried) 所要求的對多樣性應多多容忍，兩者之間的分歧，或許只是強調的重點不同而已。不過，我在想：既然承認人的同一性是自由的、理性的、正在進行抉擇的存在者之所以具有道德性的基本預假，並以此為中心論點，這種看法怎能自身不預設一個良知，從而使人會意識到儘管人各相異但受到同等尊重卻是可能的？畢竟，「在自由中看到倫理價值之核心」的康德感到應該把道德上的選擇界定為一種責任、一種絕對命令。我相信，對人的價值作出一種「信賴性承諾」（米切爾·波那里 (Michael Polanyi) 意義上的「信賴性承諾」），是「道德自律原則」的基礎。

---

❼ 萬有精神論，亦稱泛心論，是一種主張宇宙萬物都具有精神或心理活動的哲學學說。

二、存有的連續性：中國人的自然觀

存有的連續性是中國本體論的一個基調，中國人的這一信念在中國哲學、宗教、認識論、美學和倫理學中有著深遠的影響。牟復禮 (F. W. Mote) 評論道：

> 局外人感到很難探明的基本點是，在古代的和當代的、原始的和文明的各民族中，唯獨中國人顯然沒有創世神話。也就是說，他們認為世界和人不是被創造出來的，而是自發自生的宇宙的中心部分。在這個宇宙中，不存在外在於它本身的造物主、上帝、終極原因或意志。❶

這一大膽論斷在漢學家中引起爭論是可以理解的。牟復禮發現了中國人思維方式的一個鮮明特徵，用他的話說，「真正的中國人的宇宙起源論是一種有機過程論，即整個宇宙的所有組成部分都屬於一個有機整體，它們都作為參與者在一個自發地

---

❶ 牟復禮：《中國的思想基礎》(New York: Alfred A. Knopf, 1971)，頁 17–18。

自我生成的生命過程中相互作用」❷。

牟復禮著重選擇中國宇宙起源論的這一獨特性進行考察，儘管顯示出他確有卓識，可是他對這種獨特性的界說卻是可以商榷的。試舉一例，中國文化史中表面上缺乏創世神話，是以對實有的一種的更為基本的設定為基礎的，根據此種設定，形形色色的存有都有機地聯繫在一起。其實，中國古代思想家對世界的創造問題懷有濃厚興趣，其中有些人，特別是道家，甚至推究過創造主（造物主）和宇宙得以產生的過程❸。由此可以認定，中國土生土長的創世神話是有的，雖然即使最優秀的歷史學家所留下的文字記載也未能提供足夠的信息來重構這些神話❹。真正的問題不在於有沒有創世神話，而是在於關於宇宙的某種基本假設：宇宙和它的創造者是連續的、還是非連續的。假定我們所知道的宇宙是由「大爆炸」創造的，中國古代思想家們不會對這一假定產生阻力。但他們可能不會接受的是這樣一種觀念，即進一步宣稱存在著一個人類無法理解的、外

---

❷ 同上，頁 19。

❸ 關於這一問題的發人深思的討論，見季拉都特：《早期道教中的神話和意義》(Berkeley: University of California Press, 1983)，頁 275–310。

❹ 有關的富於啟發性的方法論論文，見威廉·G·布爾茲：〈共工與洪水：「堯典」中倒置的神話即歷史論〉，《通報》67 號（1981 年），頁 141–153。布爾茲教授重構共工神話的努力表明了中國土生土長的創世神話有可能存在。

在的有靈知者，他意欲宇宙如此誕生。當然，這種情況不是中國人所獨有的。古往今來的許多民族，都對隨心所欲、無中生有地創造世界的上帝觀念感到不安。在中國神話中所缺少的，並不是創世神話本身，而是這種神話的猶太－基督教的形式。但是，中國人像人類歷史上的許多民族一樣，把存有的連續性視為自明的真理❺。

從這個基本信念引出的一個明顯結論就是所謂自發地自我生成的生命（生生不已）之過程所具有的包羅萬象的性質。嚴格地說，並非由於中國人缺乏一個外在於被造的宇宙的上帝觀念，他們才不得不把宇宙的起源看作是一種有機過程；毋寧說，正是由於他們把宇宙看作是連續創造活動的展開，才使他們不能想像「由上帝的手或上帝的意志從無中創造世界的觀念，以及其他一切類似的機械論的、目的論的和有神論的宇宙觀」❻。促使中國人將自然看成是「各種非人格化的宇宙功能的包羅萬象的和諧」❼的，是他們對存有連續性的信奉，而不是由於他們缺乏創世神話。

中國人心目中的世界模式，屬於榮格所謂的「肯定無疑的心理與生理交融的結構」❽，它被李約瑟描繪成「由種種意志

❺ 杜維明：〈試談中國哲學中的三個基調〉，載《中國哲學史研究》（北京，1981 年第 2 期），頁 19–25。

❻ 牟復禮：《中國的思想基礎》，頁 20。

❼ 同上。

❽ 見榮格為《易經》所寫的前言。《易經》由凱里・F・瓦列斯從里

自行合成的、無人賦予的有序和諧」❾。李約瑟所描繪的中國人的有機宇宙是由動態的能量場而不是由靜止的物質實體所構成。確實，精神與物質的兩分法根本不適用於這種心理與生理交融的結構。構成宇宙的最基本材料，既不是單一的精神，也不是單一的物質，而是兼有兩者。它是一種生命力。這種生命力不應當看成是游離於肉體的精神或者是一種純粹的物質❿。陳榮捷在他的很有影響的《中國哲學資料選集》一書中指出，中國哲學並沒有在能量和物質之間作出區別。他還進一步指出，杜布斯 (H. H. Dubs) 把這個中國本土的術語「氣」譯為 "matter-energy"（物質—能量），「基本上是正確的，儘管有些笨拙且缺乏形容詞的形式」⓫。陳榮捷將氣譯成 "material force"（物質力量），但他同時提醒大家，鑑於 11 世紀宋明儒家出現以前，「氣」原初「是指與血氣相聯的一種心理生理交融的力量」，因

查德·威爾海姆的德譯本譯成英文，沃林根叢書第 19 卷 (Princeton: Princeton University Press, 1967)，頁 24。

❾ 李約瑟的完整陳述如下：「這是由種種意志自行合成的、無人賦予的有序和諧，就像民間造型舞蹈中的舞蹈者自發的但（就造型來說）卻是有序的活動，沒有一個人受規則約束去做他們所做的動作，也沒有跟在後面的人的推動，而是眾意志的自願和諧的合作。」見李約瑟等著：《中國科學技術史》，第 2 卷，頁 287。

❿ 事實上，精神與物質的兩分法在中國人的思想中並不構成顯著特色。見杜文，載《中國哲學史研究》，頁 21–22。

⓫ 陳榮捷：《中國哲學資料選集》 (New Jersey, Princeton: Princeton University Press, 1969)，頁 784。

此，應譯成 "vital force" 或 "vital power"（生命力）**⑫**。

要使現代西方哲學真正理解「氣」，是異常困難的。這說明中國形而上學的基本假設，與笛卡兒式的精神和物質的兩分法大相逕庭。然而，如果把中國人的思維模式歸屬於一種沒有身心區別，或者從而也意味著沒有主客區別的前笛卡兒哲學，同樣也會誤入歧途。其實，分解地說，中國思想家們清楚地把精神與物質區分開來。在他們看來，精神不可還原為物質，精神有獨立的本體論地位，並且不言而喻，精神比物質具有更持久的價值。當然，也有值得注意的例外。但是，這些所謂唯物主義的思想家們不僅罕見，而且人數太少，間隔太遠無法形成一個值得注意的傳統。近年來重建中國唯物主義思想家的系譜的嘗試，已是苦不堪言，而且在某種情況下牽強附會**⑬**。實際上，將兩位偉大的孔門思想家張載 (1020–1077) 和王夫之 (1619–1692) 描繪成中國唯物主義的典範，是以氣是物質的這種錯誤假設為基礎的。他們兩人確實都主張一種可稱之為「氣」之哲學，以作為對純思辨式思想的批判。但是，在他們看來，氣並不是單純的物質，而是一種滲透著無所不在的精神性的生命力**⑭**。

---

⑫ 同上。

⑬ 在中國大陸，除了此種流行見解，也還有顯著的例外，可參見張岱年：《中國哲學發微》（山西太原：山西人民出版社，1981 年版），頁 11–38、275–306。

⑭ 關於從醫學觀點對這一重要問題所作的一般討論，見曼弗雷德‧波科特：《中國醫學的理論基礎：交感系統》(Cambridge, Mass.:

儘管中國一直具有那種分解地區別精神和物質的思想資源，但在中國哲學中卻始終存在「氣」的概念，並且用這概念來概括宇宙的基本結構和功能，這說明中國哲學家是有意識地堅持那種把精神和物質綜合為一個整體的思維方式。清晰分析的欠缺由豐富的想像得到補償。氣這個概念的富有成果的歧義性，使哲學家有可能探索那些對受笛卡兒式的二分法影響的人來說是不可思議的存有領域。當然，有種種形式之氣的學說根本不可能產生諸如赤裸裸的對象、未加工的素材或價值中立的事實一類概念，從而也不能據此創造出一個赤裸裸的、未加工的和價值中立的世界，供科學家去研究和控制。總之，氣似乎不足以給實證主義意義上的經驗科學之發展提供哲學背景。它實際所提供的，是一種隱喻式的認知方式，一種通過比較、引喻和暗示來探究實有的多層面性質的認識論嘗試。

究竟是這種隱喻式的認識方式導致中國人把宇宙看成是有機過程，還是關於存有連續性的本體論見解影響了中國的認識論，這是一個極令人感興趣的問題。不過，我們這裡主要關心的，是理解未經區別分解的氣這一概念是怎樣成為一種統一的宇宙學理論之基礎的。我們想知道，最無靈知的存有例如石頭和精神性的最高表現例如天，在什麼意義上都可以說成是由氣構成的。在我們的探討中，中國人感知實有的方式和決定這種感知方式的中國人對實有的理解，具有同等的重要性，儘管我

MIT Press, 1974)，頁 19–24。

們無意去界定兩者之間的任何因果關係。

有機過程，作為自發地自我生成的生命過程，顯示出三個基調：連續性、整體性和動態性❶。所有形式的存有，從石頭到天，都是一個往往被稱為「大化」❶的連續體不可缺少的組成部分。既然任何東西都不在這個連續體之外，因而存有的鏈條就永遠不會斷裂。在宇宙間任何成對的既定事物之間，我們總會發現一種聯繫。有些聯繫，我們可能必須深入探究才能發現，但是它們就在那裡，只待我們去發現。這些並不是我們想像力的虛構，而是宇宙和我們生活的世界賴以建立的牢固基礎。氣，這種精神生理的材料，無所不在，甚至充滿「太虛」——在張載哲學中，太虛為萬有之源❶。氣始終存在於一切形式的實有之中，使萬物匯流於一體，如同一個單一過程的展開。任何事物，甚至連全能的造物主，都不在這一過程之外。

整體性的基調是直接從包羅萬象的連續性觀念產生出來的。假如世界是一種比大化更高、且處於大化之外的有靈知者所創造的，那麼世界，根據定義，就缺乏整體性的表現。與此相類似，假如世界僅僅是柏拉圖理念的部分的或歪曲的表現，那麼它就永遠無法達到原初實有的完美狀態。相反，如果真正的創造性不是無中生有，而是已經存在的東西的連續轉化，那

---

❶ 杜維明：〈試談中國哲學中的三個基調〉，頁 19–24。

❶ 關於這一點的示範性討論，可在《易傳》中找到。見陳榮捷：《中國哲學資料選集》，頁 264。

❶ 張載：《正蒙》，見陳榮捷：《中國哲學資料選集》，頁 501。

麼現存世界就是包羅萬象的宇宙過程的本真表現。事實上，如果「理念」為了使自身全備完滿勢必需通過有機的過程實現自身，那麼世界無論在何種意義上都是「理念」的具體體現。當然，傳統的中國思想家並沒有用這些術語去推究哲理，而是用不同的概念工具傳達自己的思想。對他們來說，理解宇宙的恰當的隱喻與其說是物理學的，倒不如說是生物學的。所爭論的問題不是永恆的、靜止的結構，而是生長和轉化的動態過程。說宇宙是一個連續體，說它的一切組成部分都是內在關聯的，也就等於說，它是一個在其複雜程度各不相同的層次上都完全整合化了的有機統一體。

在中國宇宙論思想中，連續性和整體性必須伴有第三個基調——動態性，否則有機統一體就是一個封閉系統。指出這一點是非常重要的。儘管中國思想家們批判地意識到，在人類文化中存在著最終導致停滯的惰性，但是，他們仍然將天的進程（「天行」）看成是生氣勃勃的（「健」），並教導人們按照宇宙的無止境的生命過程來塑造自身❸。他們對自發地自我生成的生命過程的構想，不僅僅在於它具有內在聯繫性和相互依存性，而且還在於它具有無限的發展潛能。許多歷史學家指出，中國傳統中類似四季更替程式的循環變化觀念，與近代西方的進步觀念是不相容的。當然，中國傳統的歷史觀念缺乏單線發展的

---

❸ 出自《周易》，見《周易索引》，哈佛燕京大學漢學補充索引系列第 10 號（臺北：中文資料及研究輔助服務中心，1966 年重印發行）1/1。

思想，如馬克斯用來描述歷史必然性形式的生產方式概念。不過，把中國史學說成是對一些定期重複的相關事件的記述，那就不對了 ❶。中國的歷史編纂不是一種循環世界觀的反映。中國人的世界觀既不是循環式的，也不是螺旋式的，而是轉化式的。然而，它在特定時期的轉化所沿著前進的具體曲線，不是已被決定的，它在形成自己的形式和方向的過程中溶入了許多人的和人以外的因素。

有機的生命過程（牟復禮認為它是真正的中國宇宙起源論）是一個開放的系統。由於時間沒有可指定的開端，因此絕不能期待時間有終點。宇宙永遠在擴展；大化不斷在流行。由此看來，單線發展的思想是片面的，因為它無法說明全部可能性。其實，前進式發展只是宇宙轉化中好幾個主要形態之一。由此類推，無論是循環式還是螺旋式都不能充分描繪各種宇宙轉化。既然它是開放的而不是封閉的，動態的而不是靜態的，因此，任何幾何學的設計都不可能正確反映宇宙的複雜形態。

前面我曾遵照牟復禮的說法，把中國人的自然觀描述成一種「非人格化的宇宙功能的包羅萬象的和諧」，並評論說，這個獨特的自然觀是由中國人對存有連續性的信奉促成的。在論述了中國宇宙論的三個基調——整體性、動態性和連續性之後，我就可以通過對它的某些含義的討論來詳細說明牟復禮的描

---

❶ 「改朝換代」這一概念也許給人一種印象，即中國歷史沒有發展。見埃德溫·O·賴肖爾和約翰·K·費正清：《東亞：偉大的傳統》(Boston: Houghton Mifflin Co., 1960)，頁 114–118。

述。包羅萬象的和諧觀念涉及兩個相互關聯的意義。它意味著自然是一種自我生成的生命過程，沒有什麼東西能排除在這一過程之外。道家的「自然」（「自我本然」）概念❷——它在現代漢語中用來對譯英語的 "nature"——敏銳地抓住了這個精神。說「自然」無所不包，就意味著要採取一視同仁的態度，就是要容許一切形式的存有按其本來面目展現自身。不過，只有到競爭、控制和進攻侵略得到徹底改變的時候，才能出現這種局面。因此，包羅萬象的和諧也意味著內部共鳴構成了宇宙中事物的秩序的基礎。就像海洋的波濤之下是平靜的一樣，自然中雖然存在著衝突和緊張，但它的深層狀態總是平穩的。以自然作為其具體表現的大化，是和諧而不是不諧，是聚合而不是離散的結果。

這種自然觀可能暗示一種宣揚和平和博愛的失控的浪漫主義主張，即一種與查理·達爾文按現實主義觀點所描繪的自然法則相對立的主張。不過，中國思想家們並不認為包羅萬象的和諧是一種天真的童話，也不認為它是在遙遠將來實現的理想主義的烏托邦。他們敏銳地意識到，我們生活的世界根本不是〈禮運〉❷所推薦的「大同」，世界充滿了包括天災人禍在內的破壞力量。他們也清楚地知道，歷史充滿了自相殘殺的戰爭、壓迫、不公正和其他眾多形式的殘暴行為。他們之所以斷言和

❷ 《莊子》，第 7 章。見哈佛燕京大學索引有關莊子的附錄。

❷ 狄百瑞、陳榮捷和布頓·沃森編：《中國傳統資料》(New York: Columbia University, 1960)，頁 191–192。

諧是有機過程的本質特徵，不是出於天真的浪漫主義，而是因為他們深信它是對宇宙的真實狀態及其實際運行的正確描述。

把「氣」譯為「生命力」的優點之一——請注意此詞與血和氣息原始聯繫——在於它強調了生命過程。對中國思想家來說，自然是正在展現的生命力，它是連續的、整體的和動態的。但是，中國思想家在試圖理解自然的血、氣時發現，自然的持久模型是聯合而不是分散，是整合而不是離析，是綜合而不是分解。永恆的自然之流的特徵正在於，它是由眾多的生命力之流的和合與匯聚而成的。正是在這個意義上，才把有機過程視為是和諧的。

張載在他的一篇著名的形而上學論文《正蒙》中，把宇宙定義為「太和」：

> 太和所謂道，中涵浮沉、升降、動靜、相感之性，是生絪縕、相盪、勝負、屈伸之始。其來也幾微易簡，其究也廣大堅固。起知於易者乾乎！效法於簡者坤乎！散殊而可象為氣，清通而不可象為神。不如野馬、絪縕，不足謂之「太和」。❷❷

在他看來，自然是氣採取有形的形式進行交融和混合的結果。山川、金石、草木、禽蟲以至於人，都是種種形式的氣（能量一

---

❷❷ 陳榮捷：《中國哲學資料選集》，頁 500–501。

物質),象徵著道的創造性轉化是永存的。但是李約瑟把中國人的宇宙看成是由種種意志自行組合而成的沒有賦予者的有序和諧的觀點,卻是不太妥當的。意志,不管怎樣加以廣義的界定,在這裡都不起主要作用。認為天地無心而成化的觀點清楚地表明,有機過程的和諧狀態不是通過把分歧的意志加以有序化取得的❸。和諧通過自發性而獲得,這就是牟復禮所謂的「非人格化的宇宙功能」。那麼這是在什麼意義上說的呢?要回答這個問題,我們還得回到張載那篇形而上學的文章:

> 游氣紛擾,(陰陽)合成質者,生人物之萬殊;其陰陽兩端循環不已者,立天地之大義。❹

氣——正是氣使萬物得以產生,它的內在邏輯導致了對非人格化宇宙功能的自然主義描述。王夫之以巨大的說服力發揮了張載關於氣的形而上學見解,他遵循張載的思路寫道:

> 凡山川、動植、靈蠢、花果以至于萬物之資者,皆「氣」運而成也。氣充滿宇宙,為萬物化育之本,故通行不滯;通行不滯,故誠信不爽。從晨至夕,從春至夏,

---

❸ 陳榮捷:《中國哲學資料選集》,頁 262–266。這一概念構成了變易哲學的基礎。

❹ 同上,頁 14、505。在該譯本中,氣被譯成「物質力量」。括號中的「陰陽」二字是作者加的。

從古至今，它無時不作，無時不生。猶如新芽長成繁茂之樹，魚卵演變為吞舟之鯨……。❷❺

儘管氣的推動力的觀念足以說明，在大化流行背後確實沒有任何擬人的上帝、動物或物體，但是這段話的深層意旨，並不是在說明宇宙功能的非人格性。儘管人有種種意願和欲望，宇宙運行的自然自發性總是非人格的，但卻不是非人性的。它對一切形式的存有都是一視同仁，而不僅以人類為中心。因此，我們人類並不感到非人格化的宇宙功能是冷漠、外在和遙遠的，雖然我們也知道它對於我們個人的思想和種種突發念頭大體說來是漠然無視的。事實上，我們是這種功能的一個組成部分；我們本身就是氣的推動力的產物。張載的〈西銘〉開篇幾行文字，不僅是他的信條，而且是他關於人的本體論觀點：

乾稱父，坤稱母；予茲藐焉，乃混然中處。故天地之塞，吾其體；天地之帥，吾其性。民，吾同胞；物，吾與也。❷❻

張載作為單獨的個人，用以把自己與整個宇宙聯繫在一起的那種親密感，反映了他對倫理生態的深刻意識。人類是從宇宙過程中誕生的恭敬兒女，這種人文主義的見解顯然具有儒家

❷❺ 陳榮捷：《中國哲學資料選輯》，頁 698–699。

❷❻ 同上，頁 496。

的特徵。它一方面同道家「無為」概念、另一方面同佛教徒的「超脫」概念，形成鮮明的對照。然而，作為與宇宙融為一體的人的概念，已經廣泛地為中國普通百姓和文化精英所接受，因此可以把它恰當地看成是中國人的一般世界觀。

同宇宙融為一體，意思是說，既然一切形式的存有都是由氣構成的，因此人的生命是構成宇宙過程的血氣的連續之流的一部分，人類原來就是與石頭、草木和動物有機相聯的。在中國文學特別是通俗小說中，分立的物種之間的互動和互變起著非常突出的作用，其思想基礎就在這裡。《西遊記》中的猴子由頑石變化而成；《紅樓夢》的主人翁賈寶玉，據說是由一塊寶玉變成的；《白蛇傳》的女主角，則未能十分成功地將自己（白蛇）變成一位美女❷。這些都是婦孺皆知的故事。幾個世紀以來，它們不僅作為幻想，而且作為偉大的人間戲劇，引起中國老老少少的強烈同情。想像一塊頑石或一塊寶玉能有足夠的潛在精神性使自身變成人，這對中國人來說毫不困難。「白蛇」的悲情在於她不能戰勝一位無情的和尚念起的符咒，以致她不能保持人形並與她的情人結合。這段浪漫史的迷人之處在於她設法通過幾百年的自我修煉而獲得將自身變成女人的力量。

據此推論，立足於宇宙的觀點，任何事物都不是完全固定不變的。它不必永遠是它現在所採取的形體。在中國畫家道濟

---

❷ 關於這個故事的兩則很好的討論，見傅惜華的《白蛇傳集》（上海：上海發行公司，1955 年版）和潘江東的《白蛇故事研究》（臺北：學者出版社，1981 年版）。

(1641–1717) 看來，山脈如江河一樣流動；看待山脈的適當方式，就是把它們看作凍結起來的江海波濤。同樣，石頭也不是靜態的物體，而是一種動態的過程，它具有自己獨特的氣的結構。我認為，借助這種自然觀，我們實際上就可以談論石頭的不同程度的精神性。這大概並不是牽強附會。變成猴的頑石肯定比普通的頑石更具有精神性，變成人的寶玉或許又比變成猴的頑石更具有精神性，並從而被人們譽為「山川精英」❷❸。以此類推，我們也可以談論整個存有鏈條的不同程度的精神性。石頭、草木、動物、人類和神靈代表著以氣的不同組合而形成的精神性的不同水平。然而，儘管有這種區分原則，但一切形式的存有原初就是相聯繫的，它們都是宇宙不斷轉化過程的不可或缺的組成部分。正是在這種形而上學的意義上，我們可以說：「物，吾與也」。

　　人之為人的獨特性是不能用造物主的預先設計來說明的。像其他一切存有物一樣，人是陰陽兩種基本的生命力和合的結果。周敦頤 (1017–1073) 說，「二氣交感，化生萬物，萬物生生而變化無窮焉」❷❾。因此，嚴格說來，人類不是造物的統治者；如果他們想成為宇宙的守護者，就必須通過自我修養來贏得這種榮譽。他們沒有任何先天賦予的理由去妄想其他。但是，人（在

---

❷❸ 鄧淑蘋：〈山川精英：玉的藝術〉，《中國文化新論》（臺北：聯經，1983 年版），頁 253–304。

❷❾ 參見《中國哲學史教學資料選輯》（北京：中華書局，1982 年版），頁 4。

漢語中「人」是中性的),是獨特的。周敦頤提出了如下解釋:

> 唯人也得其秀〔五性〕而最靈。形既生矣,神發知矣,五性〔仁、義、禮、智、信〕感動而善惡分,萬事出矣。❸⓿

在這裡我們不必涉及五性或五行學說。既然周敦頤清楚地指出:「陽變陰合而生水、火、木、金、土」,既然「五行──陰陽也」❸❶,因此它們都可以看作是氣的具體形態。

人類獲得了氣的精華,這不僅表現在智力上,而且也表現在感受性方面。人是宇宙中最富感受性的存有這一思想,在中國人的思想中起著突出作用。在程顥 (1032–1085) 的《語錄》中,有一段關於人的感受性的生動描繪:

> 醫書言手足痿痹為不仁,此言最善言狀。仁者以天地萬物為一體,莫非己也。認得為己,何所不至?若不有諸己,自不與己相干,如手足不仁,氣已不貫;皆不屬己。❸❷

這種與宇宙融為一體的思想是基於這樣一種假定,即既然

---

❸⓿ 陳榮捷:《中國哲學資料選集》,頁 496。

❸❶ 同上,頁 496。

❸❷ 陳榮捷:《中國哲學資料選集》,頁 530。

一切形式的存有都由氣構成，因此宇宙萬物與我們同源，從而都是我們的同伴。這一見解使得明朝富有原創性的思想家王艮 (1483-1540) 指出，如果我們通過轉化而生（「化生」），那麼天地就是我們的父母；如果我們通過生育而生（「形生」），那麼我們的父母就是天地❸。這裡出現的人的形象，絕不是造物之主，而是宇宙的孝敬的兒女。孝敬行為意味著一種深厚的感情，一種對我們周圍世界無微不至的關懷。

　　與萬物為一體這句話作字面解讀所得的含意，還必須用對於同語進一步作隱喻性解讀加以補充。的確，「體」清晰地表達著作為萬物基礎的生命力之血氣的氣的意義。但是，人之為人的獨特性，並不只是在於我們與石頭、草木、動物一樣是由同一種心理生理材料構成的。正是由於我們對自己是人有自覺的意識，才驅使我們去探索並有能力探索我們的性（即人性）的超越的立足點何在。無疑，存有的連續性的觀點使我們無需設置一個全然外在於有機宇宙過程的創造者，但是，人性與作為萬物之源的天是什麼關係呢？我們應如何理解〈中庸〉第一章關於我們的本性受之於天（「天命之謂性」）的本體論設定呢❹？「天命」到底是一次性起作用還是一種持續不斷的呈現呢？對於這些問題，王夫之總的反應是耐人尋味的：

---

❸ 王艮：〈與南都諸友〉，《王心齋先生全集》（1507 年本，藏於哈佛燕京圖書館），第 4 卷第 16 篇下。

❹ 陳榮捷：《中國哲學資料選集》，頁 98。

夫性者生理也，日生則日成也。則夫天命者，豈但初生之頃命之哉！……夫天之生物，其化不息。㉟

因此，在隱喻的意義上說，與宇宙形成一體要求人不斷地努力成長並修煉自身。我們之所以能在自己的感受性中「體」整個宇宙，是因為我們已經最充分地擴展並深化了我們的感受和關懷。不過，不論是在象徵符號的或經驗的層次上，絕無跡象表明宇宙會自動地被「體」在我們身上。除非我們努力使天命在我們的本性中充分實現，否則我們就會辜負「萬物皆備於我」的期望㊱。在這一點上，王夫之拒絕遵循純粹自然主義的思路，這在下面的論述中十分明顯：「君子之養性，行所無事，……斯以擇善必精，執中必固。」㊲順乎自然地行動（「行所無事」）而又不讓事物自流，用宋明儒家的話來說，就是要循「天理」而不為「私欲」㊳所虜。私欲是自我中心的表現形式，它削弱人參與天地化育的真正能力。程顥在評《易》時指出：

萬物之生意最可觀，「此元者善之長也」，斯所謂仁也。人與天地一物也，而人特自小之何耶？㊴

㉟ 陳榮捷：《中國哲學資料選集》，頁 699。

㊱ 《孟子》，第 7 卷（上）第 4 章。

㊲ 陳榮捷：《中國哲學資料選集》，頁 699–700。

㊳ 例如，在朱熹關於道德修養的討論中，天理是與人欲鮮明對照的。見陳榮捷：《中國哲學資料選集》，頁 605–606。

　　人與天、地構成三位一體，就等於與萬物形成一體，它禁止我們把主—客體二分法應用於自然。把自然視為自在的外在客體，就製造了一種人為的障礙，阻擋著我們的真正視野，且損害了人類從內部體驗自然的能力。生命力的內在共鳴如此有力，致使由人體中最精緻細微的氣所構成的心與自然萬物不斷產生一種同情的和合。這種「感應」功能賦予自然以「太和」的特色，並使心也具有此特色❹。心就像通過轉喻一樣擴展自身而與自然形成統一體。它對自然的審美欣賞，既不是主體對客體的占用，也不是主體強加於客體，而是通過轉化和參與，把自我融入擴展著的實有。這一創造過程，用雅各布森的話說，是一種「相互貼近」的過程，因為我們與自然之間永遠不會產生斷裂❹。

　　莊子建議我們不應「聽之以耳」，而應「聽之以心」，更進一步應「聽之以氣」❹。如果「聽之以心」包含不受感覺知覺影響的意識，那麼「聽之以氣」又意味著什麼呢？它是否意味著我們是各種生命力內部共鳴的如此息息相關的一部分，因而我們能聽到自然的聲音，或用莊子的話說，能聽到一種作為我

❸ 陳榮捷：《中國哲學資料選集》，頁 539。

❹ 在這方面給人啟發的文章，見 R. G. H. Siu：《氣：新道家的生命之路》(Cambridge, Mass.: MIT Press, 1974)。

❹ 諾曼‧雅各布森：〈語言的二體及失語障礙的兩種類型〉，諾曼‧雅各布森和莫里斯‧哈勒合著：《語言的基本規則》(Gravehage: Mouton, 1956)，頁 55–82。感激高友工教授提供了這份資料。

❹ 《莊子》，第 4 章。準確的引文可見《莊子引得》(北京：哈佛燕京大學，1947 年版)，第 27 篇第 4 章 9 節。

們內部聲音的「天籟」 ❹呢？或者，它是否意味著無所不包的氣能使人和自然在總體上相互易位嗎？結果人所體驗到的美感不再是個體的私我感受，而是如同傳統的中國藝術家所說的，「內在情感與外界情景融為一體」 ❹。看來不論在哪一種情況下，我們都不能將我們自己同自然拆開並且用一種超然不相干的方式研究它。我們所做的，不僅要懸置我們的感知，而且要懸置我們的整套概念，以便我們能在自己的感受中體現自然，並使自然親密地擁抱我們。

不過，我應當提請注意的是，對於自然和人的這種互通性和親切性的審美體驗，往往是堅持不懈地進行自我修養的結果。儘管我們有優越的智力，但我們對「太和」並不擁有特權。作為一種社會的和文化的存有，我們永遠不能把自己撇在一邊而從所謂旁觀者的中立立場研究自然。返回自然的過程不僅包含著記憶而且也包括非學習化（即消解所學，回到原初未學時的狀態）和遺忘。我們能參與自然界生命力內部共鳴的前提，是我們自己的內在轉化。除非我們能首先使我們自己的情感、思想和諧起來，否則，我們就不能與自然取得和諧，更不用說「獨

---

❹ 《莊子》，第 2 章；和《莊子引得》，第 8 篇第 3 章 3 節。

❹ 關於這一點的系統討論，見高友工和孫康宜：〈六朝時期中國的「自由批評」〉，全美學術社團關於中國藝術理論的討論會（1979 年 6 月）論文，收入蘇珊·布什和克里斯琴·默爾克主編：《中國文藝理論》(Princeton, N. J.: Princeton University Press, 1984)。

與天地精神往來」了❹。我們確與自然同源。但作為人，我們必須使自己與這樣一種關係相稱。

---

❹ 《莊子》，第 33 章；和《莊子引得》，第 66 篇第 33 章 93 節。

三、儒家論做人 ❶

在現代多元文化背景下，儒家對人的固有意義的「信仰」，可能顯得是有限的、歷史的、世俗的，在文化上也是特殊的，然而對當代身體力行的儒者來說，這種信仰卻是真理的明示，實有的彰顯，並且確實是東亞許多世紀以來普遍接受的一種人

---

❶ 本文旨在從儒家觀點對威爾弗里德‧坎特威爾‧史密斯 (Wilfred Cantwell Smith) 最近出版的《信仰與信念》(*Faith and Belief*) 一書 (Princeton: Princeton University Press, 1979)，作出一點反應。史密斯的論斷給我留下了深刻印象：「這樣，正是信仰，即以一種適合於我們時代的形式的信仰，使得人們能在思想上和個人信仰上去處理多元相對主義的問題——例如，把真理看作是對它的一切描述只能接近它的那種東西——從而，對多樣性的承認豐富而不是削弱自己對真理的理解」(頁 70)。儘管我不能說已經把握了他的歷史反思的神學內涵，但我發現自己非常贊同他那發人深思的見解：「真理最終只有一個，儘管用以裝飾或塗抹我們世界的人的心目中的真理形式或信仰形式是多種多樣的。但是，我們之間的統一從超越意義上說是確實存在的；至於歷史是否會如此向前發展，以致我們在地球上建設世界性社群（而不只是我們已經實際面對著的國際社會）的實際過程中能更加接近這種統一，則是一個我們有無能力依據超越的真理和愛去行動的問題。」

生觀，這種人生觀顯得如此合理，以致簡直成了自明的真理。本文打算根據我對儒家構想的理解，說明這種對於信仰的人文主義主張，對於一門新興的宗教學研究所具有的深遠意義；儘管社會科學和人文學科領域一些最傑出、最開放的同仁現在所倡導的精緻的相對主義頗具誘惑力，從長遠的觀點看，這門宗教學科也許可以確立人們對終極關懷的統一的理解和品評。

I. 為己之學

一般認為，儒家對一些永恆的有關人的問題的研究，即使不是十分狹隘，令人可嘆，也是非常有限的。這部分是因為孔子在回答他的學生的問題時，拒絕思考死和鬼神的問題，理由是，我們對於生和人的理解應當具有頭等重要性❷。誠然，儒家的出發點集中於此時此地的人的生存，但是這一出發點是以一種關於生和人的內容廣闊的思考為依據的。在這種思考中，死和鬼神作為構成要素占有顯著地位。換言之，要對儒家關於活生生的人的觀念作出正確評價，就必須涉及對死和鬼神的感受。這方面的意義以後再談。這裡需要指出的是，由於孔子沒有明確回答死和鬼神的問題，就斷言他不注意那些為人所深為關切的問題，則是錯誤的。事實上，假如離開了葬禮和祭祖，就難以想像儒家傳統將採取何種具體形式。

---

❷ 「季路問事鬼神。子曰：『未能事人，焉能事鬼？』曰：『敢問死。』曰：『未知生，焉知死？』」（《論語》，第 11 篇第 11 章）

　　但是，儘管有些局外人認為傳統儒家處在祖先的陰影之下❸，但儒家對人類群體的承諾，卻是堅定的和多方面的。這種承諾，從手段上說，可能意味著：儒家的全部事業是從此時此地的人的生存為起點的；它也可能從實質上說意味著：存在於日常生活中的人是人充分實現其自身的基礎。儒家堅持主張為己之學❹，也就是說，學本身就是目的，而不是達到目的的手段。在儒家看來，學就是學做人。誠然，我們無可逃避地是人，並且在自然主義的意義上說，這是我們與生俱有的權利。但是，從美學、倫理或宗教意義上看，成為人卻必須有一個學習的過程。因此，學做人意味著審美上的精緻化、道德上的完善化和宗教信仰上的深化。我清楚地意識到：我剛才使用的術語和範疇儘管與原有儒家的洞見是可以相容的，但它們畢竟不是儒家的。或許它們之間的差別僅在於強調的重點不同，但是儒學首先關心的是通過倫理概念來界定的人的品格的形成問題。

　　如果說儒家首先關心的是學習成為一個好人，那麼這又意味著什麼？最要緊的是一開始就要認識到，在儒家的傳統裡，學做一個好人不僅是它的首要關切，而且是它的終極關切和全面關切。因此，把好人的概念與富有智慧的、強健的、敏感的、聰明的或富有創造性的人等等概念加以比較和對照，沒有多大

---

❸ 這一表述出自許烺光所撰寫的《在祖先的陰影之下：中國的親屬關係、人格和社會流動性》（Stanford: Stanford University Press, 1971）。

❹ 《論語》，第 14 篇第 24 章。

意義。在儒家看來，好人必然是富有智慧的、強健的、敏感的、聰明的、富有創造性的，等等。如果我們最後選用一個「好」字標示一種可與其他值得嚮往的品質（諸如聰明和創造性）區別開來的品質，那麼，我們可能必須以更加中性的詞語，諸如「學做更本真和更完全的人」來重新規定儒家的首要關切。考慮到漢學家們一致將儒學說成是社會倫理學的一種形式，"authenticity"（本真性）一詞，即使帶有現代存在主義的意味，在我看來，也比被狹隘理解的道德詞語例如「誠實」(honesty) 和「忠誠」(loyalty) 更適合於表達儒家為己之學的原意。

學做一個儒家意義上的本真的人，固然要對己誠、待人忠。但它同時也必然會產生一個無止境的過程，在這過程中包容一切而又豐滿充實的人性將得到具體實現。儒學的這一層面，不可能歸結為任何特定的美德；它也不是儒家所特有的各種美德的總和。然而，將此時此地的活生生的人作為出發點，不可避免地從外面限制了儒家把它的主張加以普遍化的意圖：儒家怎麼能假定，學做人這個意味著隨著國家、歷史、文化、社會階級和許多其他因素的變異而變異的過程，是一個普遍有效的概念呢？傳統的儒家當然並未意識到這個問題的意義。他們相信這個做人的觀念是正確合理的。他們將它付諸實踐；他們通過身教來證實其有效性；他們體現了它；著實地說，他們是生活在它裡面。

II. 學而知之

生活在 20 世紀的儒者，以增強了的批判的自我意識，接受多元相對主義的挑戰。因此，他們不可能把儒家的啟示看作是不證自明的真理。為己之學的概念可能是春秋（西元前 722－前 481）後半期文化精英之特權的反映❺；也可能是新生的封建官僚（或沒落的奴隸主貴族）的意識形態的組成部分，把它泡製出來是為了壟斷向社會上層流動的渠道；它也可能是中國人不顧科學知識和制度建設而特別偏好道德教育的表現。要確定儒家的人的概念是否類似「人生而平等」的思想，從而具有真正的包容性，或者，它只表示那種排他主義所謂的「我們中國人」，甚或只表示「我們魯國有教養的古典學者」，畢竟是十分困難的。

此外，今天的儒者也意識到：為己之學這一概念不可能指追求人的個性。即使在西方，作為一種正面的原則的個人主義也是較為近期的現象❻。按照古典儒家的意思，自我所指稱的是各種關係的中心，一種具有群體性的品質，它從來沒有被看成是一種被孤立的或可孤立的實體。既然儒家的為己之學這一概念賴以產生的社會基礎、文化背景和倫理宗教的脈絡，與我

❺ 侯外廬編：《中國思想通史》，5 卷本（北京：人民出版社），卷 1，頁 131–190。

❻ 見斯蒂文‧盧克斯：《個人主義》(Oxford: Blackwell, 1973)。

們在現代西方世界所體驗的「己」與「學」根本不同，那麼，我們怎樣才能重建它的意義而不歪曲它的原義並為我們所用呢？

要想理解孔子所謂真正的「學」乃「為己之學」所表達的意思，需要做艱苦的「考古」發掘工作。許多學科——詞源學、原典分析、注釋和評論，這裡提及的還只是幾種傳統的漢學手段——都必須參與這一研究過程。如果我們將研究擴大，包括評估若干世紀以來傳統儒家對其大師的論說的理解，那麼，就還需要其他一些學科，例如文化史、比較宗教學、解釋學和哲學。即便如此，我們也永遠不能肯定我們的理解是正確的。用時髦的話來說，兩個截然不同的「認識時代」之間的鴻溝，可能永遠無法填補。不過，學術團體的責任恰恰就是和某種占絕對優勢的事物作鬥爭，以達到某種理解，而不管這種理解結果如何不夠全面和完善。對一位今日的儒者而言這種思想上的努力，對他的精神上的自我規定來說不僅是可取的，而且是必要的。

不過，由於其關鍵問題已超出學術界擴展其思想視野的需要，而且也超出儒者探詢其人生意義的要求，因而，上述問題變得更加複雜了。積極從事比較研究的所有學界成員，都必然面臨的挑戰是，我們在原則上是否能夠脫離原來的語境而真正地理解諸如「為己之學」這樣一類貌似簡單的命題。很不幸，答案必然是否定的。如果不把它置於適當的語境脈絡之中，我們就不可能知道它的意義：例如為什麼要提出這一命題？它想肯定什麼？它是針對當時不同含意的「學」的一種反應嗎？它對儒家的思維方式有什麼樣的重要性？它是某些更精緻和更富

有意義的東西的代碼嗎?即使我們找到了這些問題的滿意答案,
也不能保證我們充分瞭解孔子想表達的意思。因為如果我們認真
嚴肅地對待我們的探究,就還會有許多其他問題需要我們關注。

　　這些問題也與生活在當代的儒者有關。學者們從一種語言
世界轉換到另一種語言世界所遇到的這種困難,也是現代儒者
所面臨的困難。認為有文化的中國人必然懂得做一個儒者意味
著什麼,這種一切皆確定無疑的時代已經一去不復返了。在今
天的多元世界中,儒家像佛教、猶太教、基督教、伊斯蘭教或
印度教群體中的人們一樣,必須學會過一種經過審慎選擇的宗
教倫理的生活。不過,與其他信仰群體中的人們不同,所有儒
者,今天都必須抱著和研究儒學的學者同樣認真的、有鑑別的
態度去努力理解原典的陳述。這部分是因為儒家傳統缺乏一種
與牧師起相同作用的東西;更重要地也許是因為缺乏負責統一
和傳達儒家思想的宗教機構。因此,指出中國的「儒」字作為
一個「類」,本來的意思就是「學者」(指有知識有學問的專家)
這一點,是很有趣味的❼。

　　說中國傳統中的「儒」的概念,在當代近似於人文科學的
學者,也許算不得牽強。不過,在學術高度專業化的環境中,

---

❼ 關於儒的意義的討論,見〈說儒〉,該文收入《胡適文存》(臺
　北:遠東發行公司,1953 年重印),卷 4,頁 1–103。有關闡述
　「儒」的起源的英文作品,見奧本海因:〈倫理秩序的使者:早
　期周王、周公、仲尼和儒的革新〉(哈佛大學宗教研究協會 1984
　年未發表的哲學博士學位論文)。

當代人文學者只是「儒」的原有含意的一方面。當代使用的「知識分子」一詞，尤其在致力於或關心著人類幸福的意義上說，比較接近「儒」的概念。實際上，儒學的這種群體層面凸顯出它是一種社會哲學。因此，可以理解，人們往往把儒學說成是利他主義的，從而把儒者之學的要旨說成是為他人而學。

III. 自我修養（即修身）的中心地位

現今的流行觀點認為，儒學是一種特別重視人際關係的社會倫理學，這一見解是基本正確的，但是，它未考慮到作為獨立、自主和有內在導向過程的修身在儒家傳統中的中心地位。誠然，儒家堅持認為，人是通過與他人不斷的互動才成為充分的人；人的尊嚴依賴於群體參加，就像依賴於他自己的自尊意識一樣。但是，韋伯 (Max Weber) 把儒家的精神傾向說成是「對世界的適應」，因為據說儒家曾告誡人們要服從於人際關係的既定模式。這種說法嚴重地貶抑了儒家的心理整合和宗教超越的能力 ❽。實際上，儒家傳統經歷多次深刻轉化而未失去它的精神上的認同，這種能力正出於它對人的內在資源的承諾。

作為人際關係中心的自我，始終是儒學的中心焦點。一個

---

❽ 馬克斯·韋伯：《中國的宗教》，漢斯·H·格思英譯本 (New York: Free Press, 1964)，頁 235。關於韋伯對儒學的總體估價，見沃爾夫岡·舒路切爾編：《馬克斯·韋伯對儒教與道教的研究》(Frankfurt: Suhrkamp, 1983)。

人協調人際關係的能力確實顯示了他的修身達到的水平，但這種能力與修身孰先孰後的問題顯然是已經擺定的。修身是協調人際關係的前提；如果人際關係沒有修身作為必要成素而只得到表面和諧，那在實際上是行不通的，在目的上也是誤導的。「小人之交甜如蜜，君子之交淡如水」這一中國俗語指明，受某種需要驅使的友誼要比推進道德發展的非功利友誼淺薄得多。由於種種原因，人必須與他人進行交往，而其中許多原因，在一些現代社會學家看來，在道德上是中性的，因而與人的內心生活不相干。儒家認為人是社會存在物，但他們堅決認為，社會交往的一切形式都飽含著道德內涵；每種交往形式都需要修身來協調。

為己之學的啟發意義，也許可以被理解為責誠我們去進行修身。既然修身是目的而不是手段，那麼，出於諸如名望、地位和財富的緣故，而不是由自我認識所激發的學，就不能視為真正的學。一個未中的而內自省的弓箭手，則實踐了儒家的關切，即內在地認識自己是在外部世界中正確行為的前提。

如果人際關係協調一致，那也是由於有關的人都在努力修身。期望在社會交往中出現和諧狀態以作為修身的有利條件，在儒家看來，不僅是不現實的，而且是不合邏輯的。修身是本，和諧的人際關係是枝。無論從時間還是從重要性上看，先後的次序都是不可顛倒的❾。嚴格說來，作為利他主義之表現的為

---

❾ 〈大學〉以主要的篇幅闡明，「自天子以至於庶人，壹是皆以修身為本」。見陳榮捷：《中國哲學資料選集》，頁 87。

他人而學，除非建立在自我認識的基礎上，否則是不可能真正利他的。儒家的座右銘「己所不欲，勿施於人」**❿**並不是單純地指一個人應當為他人考慮，而且也意味著一個人必須誠以待己。也許，正是出於這個理由，孔子才感到即便是他的一些最好的弟子，要將這一座右銘付諸行動，也仍有許多東西要學。

如果說儒家這一座右銘得不到普遍應用，那麼它在修身中究竟有何作用呢？無疑，它不是康德意義上的絕對命令，也不是人們必須遵守的行為指導原則。毋寧說，它是一種人心嚮往的標準，是一種通過老師的示範而對學生產生意義的親身體驗的理想。對於處在不同道德發展階段的不同的人來說，修身可能意味著不同的東西，而且它的實現也可能採取許多不同的形式。但是，修身仍然是儒學的中心點。結果，學做人最後集中到自我上，不過這不是作為抽象概念的自我，而是作為此時此地生活著的個人的自我。

IV. 從個我 (personal) 的觀點出發

儒家的「學」的一個最引人入勝的洞見是，學習做人必通過為己之學，然而，這裡所說的己不是一般的作為類概念的自我，而是作為此時此地體驗著和反思著的個人的我自己。將探詢的方式從非個我人身的轉向個我人身的，既需要思想上的精

---

❿ 《論語》，第 12 篇第 2 章、第 15 篇第 24 章。

密化，又需要生存上作出承諾。我作為一個人通過命題語言所推斷的東西，與我作為某一具體的個人所談出的東西之間的鴻溝在這裡已不復存在。此時，我已坦露無遺，因為我認為我知道的東西同我自己確實懂得的東西，已不可避免地交織在一起。如果我錯了，那不只是因為我提出的東西站不住腳，而且是由於我生活的方式有了缺陷。然而，讓我深部的那個私我去接受另一個人的心智的那種心理分析程序，卻不是儒家傳統的一部分。儒家的修身預先假定，值得教化的自我決不是個人的私有物，而是構成共同人性之基礎的可供分享的經驗。

儘管自我修養在儒家的學習中占中心地位，但展示隱祕思想、私人情感、深層欲望和內驅力的自傳式文獻，在儒家傳統中卻極為罕見。顯然，經過修養的自我決不是唯恐外部入侵的私人財產。唯恐在社會的種種要求中被淹沒的自我，是儒家所說的「私」（隱私化的自我、小我、作為封閉系統的自我）。相反，真我是充滿社會公共精神的「大我」（此處「大我」一語出自《孟子》），是一個開放系統的自我。作為一個開放系統，自我——在這個詞的真實意義上——是不斷擴展，而且對世界採取一種歡迎接受的姿態。修身可以被理解為不斷拓展自我以體現日益擴大的人際關係圈。然而，如果就此得出結論說，儒家在橫的方面拓展，其目的僅在於建立有意義的社會關係，則是一種誤解。那些依據家庭、社區、國家和世界來界定自我的各種同心圓，無疑都是社會群體，但按照儒家的看法，它們也屬於自我的領域，這些領域象徵著人的倫理宗教發展的真正可能性。

　　倫理宗教的發展，在儒家看來，不僅是一個拓展過程，也是一個深化過程。由於自我同其他自我的共鳴，自我所固有的內在資源便得以豐富。通過與他人的真正交流，自我獲得對自己的理解；越是能瞭解自己的人，就越是可以理解他人。因此，儒家的「己欲立而立人，己欲達而達人」❶的格言，就不單是一種利他主義的思想，而且也是對轉化中的自我的描述。對內在精神性的尋求，作為一種孤寂的努力，則屬於根本不同的論說域。儒家的修身是一種深思熟慮後選擇的群體行為。但是，自我不能歸結為它的社會角色。承擔著各種社會角色的現代人的舞臺形象，肯定不是儒家的東西。相對於父親我扮演兒子的角色，同時相對兒子我又扮演另外分立出來的父親的角色，這種觀念即使不令人反感，也是很不自然的。根據我自己的經驗，在我的記憶中，我一直在學做兒子。從我的兒子出世以來，我又一直在學做父親，並且學做兒子由於我自己成為父親而獲得了新的意義。不僅如此，我之作為兒子和作為父親，也是通過我作為學生、老師、丈夫、同事、朋友和相識者而使其內容豐富起來的。這些對我來說都是學做人的途徑。

　　但是，我們在公眾場合通常都不談論這些問題。這些問題實在太純屬個人性質了。我們不應當過多地披露我們的私人情感，因為它在思想上不會引起別人的興趣。但同時，我們又深深地陷入我們自己的所思、所感和所欲之中，往往固執地主張

❶ 《論語》，第 6 篇第 30 章。

自己的意見，赤裸裸地表露自己的感情，不知羞恥地要滿足自己的欲望。我們對權利的態度是認真的，但是我們承擔自己的義務則是不得不接受權威或法律的勸告的結果。我們遠離了自己的文化傳統，並且，作為後工業社會中異化了的人，遠離了我們自己的群體。由於我們日益變得主觀主義、個人主義和孤芳自賞，因而既不眷念老人又不教導少年。我們在政治上彼此孤立，在精神上孑然一身。然而，在我們的學術努力中，我們又假設我們不得不採取一種全然非個我的態度，以便在抽象的領域中客觀地進行推理。

V. 為人師表的孔子

孔子願意以一個進行反思的人的身分談話。他選擇了一種具有強烈個我性質的溝通風格，而且，通過細心的選擇，與周圍的人分享他的思想和情感：「二三子以我為隱乎？吾無隱於爾。吾無行而不與二三子者，是丘也。」❷孔子與學生的坦率的相互溝通並非出於教學法的設計，而是反映了他的生活態度。我們或許猜想，他之所以能夠經得起徹底地揭示自己，是因為他是從聖人的崇高位置上講話的。但是，實際情況完全相反。孔子從不認為他已成聖。他像我們一樣在為學做人而奮鬥。他心中的自我形象，是在充分地做個像樣的人的道路上承擔起實

---

❷ 《論語》，第 7 篇第 24 章。

現人性任務的一個同路人。在他不斷地按「儒」者的生活修身時，他坦然承認，他未能做到他的同路人所應當做的普通事情：

> 君子之道四，丘未能一焉。所求乎子以事父，未能也。所求乎臣以事君，未能也。所求乎弟以事兄，未能也。所求乎朋友先施之，未能也。❸

孔子的謙卑也表現於他對自己所能做的有清醒認識：

> 蓋有不知而作之者，我無是也。多聞擇其善者而從之，多見而識之，知之次也。❹

由於把自己確定為「知之次」，孔子就將自己劃出「生而知之者」以外，而和「學而知之者」聯繫在一起❺。作為一個學者，孔子嚴肅地將自己視為處於轉化過程中的具體生活著的人。他以真誠的態度和批判的自我意識認為自己的責任是對共同人性的見證：

> 庸德之行，庸言之謹，有所不足，不敢不勉。有餘

---

❸ 〈中庸〉，第 13 章。見陳榮捷：《中國哲學資料選集》，頁 101。內容上類似的陳述亦可在《論語》第 14 篇第 28 章上找到。

❹ 《論語》，第 7 篇第 28 章。

❺ 同上，第 16 篇第 9 章。

不敢盡。言顧行，行顧言。❻

作為一個善觀者和善聽者，孔子睿智地使用他的感知能力去達到完善的道德標準。按照這個標準，謙遜的品德被看作是理所當然的，不斷反省切身之物的極端重要性得到充分認識。孔子為人的真誠，成了激勵那些共享他的人文主義智慧者的力量的源泉，而這一切並不由於它的抽象的理想主義，而由於它的具體的實踐性。

日常生活的終極意義

儒家的整個理念，正如大師的生活現實所示範的，採取了一種個我的親切取向。簡言之，這意味著我們能在普通人的生存中認識到生命的終極意義。我們在日常生活中的普通行為，恰好是人性獲得最崇高表現的活動。從此時此地生活著的人著手來完成學習做人的全過程，意味著在道德成長的每一關頭始終把修身放在中心地位。這一主張隱含著這樣一個命令，即我們應當完全對我們的人性負責，這不是出於任何外在的原因，而是出於我們都是人這個不可更改的事實。

在儒家的事物的理序中，一個活生生地活著的個我遠比僅作為短暫存在的生物體要複雜得多和有意義得多。在世俗化的

---

❻〈中庸〉，第 13 章。

生物生理意義上，最終孤獨地死去的完全孤立個體的概念，在儒家對人之真實性的理解中是完全不可思議的。人是漫長的生物鏈的一個積極參加者，是歷史連續體的活的見證者，是得宇宙精華的萬物之靈。人的結構中本來就有無限的生長潛能和取之不竭的發展資源。從本體論上說，人的自我就在其自身的真實存在之中體現著最高的超越；自我的充分實現無需任何外在幫助。從終極意義上看，自我的實現就意味著天人合一的充分實現。但是，達到這一步的方式，永遠不應被理解成在孤立的個人與上帝之間建立一種關係。自我，作為人類群體中種種關係的中心，必須認識到它是整體存在的組成部分，因此，它必須通過切身之物為自己開闢道路。

孟子說過一段富有啟發性的話：

> 萬物皆備于我。反身而誠，樂莫大焉。強恕而行，求仁莫近焉。❼

人的自我已是完全足夠的這一本體論方面的主張，並不能導致人生存在方面的沾沾自喜，認為實現自我所包含的只不過是對內在精神性的追求。相反，我作為一個人，儘管能通過修身欣喜地認識到自己接觸到了真正的人性，但仍必須努力與他人建立聯繫，作為理解共同具有的人性的最有效方式。其中所

---

❼《孟子》，第 7 卷（上）第 4 章。

隱含著的靈魂得救論（如果我們大膽使用這個色彩很濃的概念的話），可在孟子的另一段話中找到：

> 盡其心者，知其性也。知其性，則知天矣。存其心、養其性，所以事天也。殀壽不貳，修身以俟之，所以立命也。莫非命也，順受其正。❶⑧

上述引文中的「不貳」和「立命」兩個術語值得我們特別注意。然而，我首先必須指出，既然我們的目的只是一般性地談論孟子關於人的概念中隱含的某種靈魂得救論的意向，那麼，我們在這裡可以不必過多推敲細微的語言差異。孟子在其通過知性而知天的本體論主張中充分肯定了每個人的獨特性。人總是獨一無二的。正像不存在兩張完全相同的臉一樣，有多少人，就有多少自我實現的道路。決定每個獨特的人的狀態，有許多內在的和外在的因素。但是，按照孟子的想法，「不貳」是一個人的意志力的直接產物，因此，它是人類群體中任何成員都能獲得的，它與一切區別彼此的因素無關。孔子用以說明類似觀點的話，這裡也用得上：「三軍可奪帥也，匹夫不可奪志也。」❶⑨

「不貳」是自我修養所需要的一切。就人的這一向度而言，

---

❶⑧ 《孟子》，第 7 卷（上）第 1 章；救世論指通過基督工作和神靈工作而得贖救的救恩論。

❶⑨ 《論語》，第 9 篇第 26 章。

一切人都是平等的。一個有嚴重殘疾的人為協調他的軀體活動可能要付出極大努力，但他的意志力是絕對獨立、自主和自足的。我們稱讚海倫‧凱勒 (Helen Keller) 式的人，不僅是由於她實際上設法克服了許多困難 ，而且更重要地是由於她的 「不貳」。正是這種「不貳」才使她能夠作出令人驚嘆的事蹟。事實上，在許多場合，軀體意義上的自我改善是一件不可完成的任務。許多人在能夠達到的這種潛力發揮出來以前就死去了。在這個意義上，我們注定是不可能充分實現自我的。例如，孔子最優秀的門徒夭亡時，夫子痛惜地說：「有顏回者好學，不遷怒，不貳過。不幸短命死矣。今也則亡，未聞好學者也。」 ❷⓿然而，一個人的立志「不貳」不僅能超越人的生存結構的限制，而且能將這些限制轉化成自我實現的工具。在這裡，顏回的例子特別有啟發意義。他貧窮、夭亡、而且如按儒家有關服務社會或政府的標準來判斷也沒有任何具體成就，但是這一切都沒有改變夫子對他的讚譽。夫子一再稱讚的是他的學習的渴望和成為一個「儒者」的決心。

> 賢哉，回也；一簞食，一瓢飲，在陋巷，人不堪其憂，回也不改其樂。賢哉，回也。 ❷❶

據此，一個人的「不貳」是同他從心靈深處責成自己的意

---

❷⓿ 同上，第 6 篇第 3 章。

❷❶ 同上，第 6 篇第 11 章。

願和能力分不開的。一個人的天召 (calling)──如果用基督教中這個詞──，指的正是責成一個人成為其所當為的一種呼召。這種批判的自我意識是由一個人面對日益擴展的人際關係圈的開放性態度所賦予的，它是通往人的「立命」的最可靠道路。人的實質就在於孜孜學習以盡心、知性、踐仁，這是知天的最切實的道路。既然我們的人性授之於天，因而，參與宇宙生化以便使我們能與天、地構成三位一體，就是我們人的本分❷。我們的立命，無論是個體的還是群體的，都是無限的。我們並不限於僅僅要成為作為「類」的人。毋寧說，我們的立命意味著被邀約，被賦予一種責任，要我們去關照自己以及我們所居住的世界上的萬物。我們必須學會超越我們的生存的現狀，以便能變成我們在本體論上已注定應成為的那樣。為了充分實現自我，我們無需離開自我與人類。實際上，我們是通過作為人的我們自己的日益深化和拓展的意識來「事天」的。

這種思維方式的基礎結構，在儒家經典〈中庸〉的一個關鍵性段落中，是以類比方法來表述的：

> 天地之道，博也……今夫天，斯昭昭之多，及其無窮也，日月星辰繫焉，萬物覆焉。今夫地，一撮土之多，及其廣厚，載華岳而不重，振河海而不泄，萬物載焉。今夫山，一卷石之多。及其廣大，草木生之，禽獸居之，

❷ 見〈中庸〉，第 22 章：「贊天地之化育，則可以與天地參矣。」陳榮捷：《中國哲學資料選集》，頁 107–108。

實藏興焉。今夫水，一勺之多。及其不測，黿鼉魚鱉生焉，貨財殖焉。㉓

　　由此類推，我們在擺在我們面前所看到的不過是不斷變化著的身體的物理存在而已。然而，「至誠者」——即通過不斷地學習做人已變成人性本身的見證者——則「能經綸天下之大經，立天下之大本。知天地之化育」。聖人象徵的真實並不是超人的真實，而是真正的人的真實：「溥博淵泉，而時出之〔按指：聰明睿智、大度溫厚、堅強剛毅、精微敏銳等等美德〕，溥博如天，淵泉如淵。」㉔

　　儒家對人的固有意義的「信仰」，是對活生生的人的自我超越的真實可能性的信仰。一個有生命的人的身、心、魂、靈，都充滿著深刻的倫理宗教意義。具有宗教情操在儒家意義上，就是進行作為群體行為的終極的自我轉化。而「得救」則意味著我們的人性中所固有的既屬天又屬人的真實得到充分實現。

㉓ 〈中庸〉，第 26 章。陳榮捷：《中國哲學資料選集》，頁 109。
㉔ 〈中庸〉，第 31 章。陳榮捷：《中國哲學資料選集》，頁 112。

四、先秦儒家思想中的人的價值

　　儒家經典《論語》中的基本隱喻就是「道」❶。儒家的道暗示著作為群體行為的、無止境的自我轉化過程。它被界定為人道、生活之道。當然，天道在儒家文獻中也扮演著非常重要的角色，而且對死的意義的領悟也是全面理解儒家人性概念的必要條件。但是，在儒家的精神導向中，真實的重心看來還是落在人類日常生活經驗上。

　　《論語》十分重視人們共同關切的問題。它將求仁之方描繪成以切身之物為起點進行類比反省（「能近取譬」）。一個人自

❶ 關於這個基本隱喻的一般性討論，見赫爾伯特・芬伽萊的《孔子——以凡俗為神聖》，頁 18-36。我也寫過有關孔子的精神自我認同問題的文章，見我的論文〈儒家的成人觀〉，載《代達羅斯》（美國藝術和科學學院報），第 105 期（1976 年春）第 2 號，頁 109-123。本文收入艾里克・H・艾里克森編：《成人》(New York: W. W. Norton & Company, 1978)，頁 113-127。我想指出，保爾・內克威爾關於「語言意義的創造問題的多學科研究」對我研究孔子思想的這一特殊方面是很有啟發的；見他的《比喻的規則》，羅伯特・采爾尼英譯本 (Toronto: University of Toronto Press, 1977)。

身的存在——他的肉體和心靈——為具體求道提供了基本場合。沒有這個基礎，道永遠不會被發現，人性也永遠不能實現。只靠道本身並不能充分彰顯人性；只有通過人的努力道才能得到彰顯。

在這個意義上，類比決不是演繹推理的一種不夠完備的形式，它表示一種根本不同於線性邏輯、而其嚴密性和說服力絕不亞於線性邏輯的研究方式。類比性思維，就是通過不斷洞察整個人類狀況及個人在其中的特定「位置」的過程，來發展自我理解。這就包含系統的反省和不斷的學習。

作為全面尋求自我認識的一個組成部分，據說孔子的門徒曾子每天在三個問題上進行自省：「為人謀而不忠乎？與朋友交而不信乎？傳不習乎？」❷這種通過不斷探查人的內在自我而增進人的道德自我發展的努力，既不是對隱祕的純屬私人的真理之自我陶醉式的尋求，也不是對孤立的經驗之個人主義式的自吹自播。毋寧說，它是修身的一種形式，同時也是協調人際關係的群體行為。

由此可見，《論語》把「學」放在中心地位，還應當被理解為培養自我對整個世界和文化的反應能力的過程。因此，學《詩》是為了掌握語言（「言」）作為文明世界的必要交流手段；學《禮》是為了把自己的群體所特有的「生活方式」內在化。因此，學是做人的一種方式，而不僅僅是使自己取得經驗知識

---

❷ 《論語》，第 1 篇第 4 章。

的課程設計。學的整個過程就是力求豐富自我，增強其力量，昇華其智慧，以便能對人恕，對己忠。

不用說，儒家意義上的「學」基本上是道德上的修身。它是一個使人接受自己的文化資源，關心自己的社會價值，以逐漸建立自己品格的過程。因此，孔子說，「己欲立而立人，己欲達而達人」。這種彼此關聯的意識基於一個信念：做人決不是一種維護私我的孤軍奮戰；相反，人是通過符號交換，通過彼此關係以確認共同體驗的真理，從而成為一種有意義的存在的。

上述信念本身，就包含著對於人作為一種可以溝通並且可以分享的價值所抱有的深切關注。說人性可以孤立地實現，或可以用他人無法理解的一種私人語言來表達，那是不可思議的。誠然，自願地暫停常人生活，例如服喪，在儒家各派思想中都受到高度尊重。但是即使在這裡，重點仍然是通過重演繁縟的共同體驗過的角色和場景，達到社會團結的目的。實際上，對死者的悼念強化了對生者的關切。

在這方面，知識的中心關切就在於培育人道和生活之道。因此，可以理解，通過示範去教和學被認為是真正的、大概也是最有效的教育方法。一個人努力學習使自己成為仁慈的、誠實的、勇敢的和堅定的人，並不是通過遵守一套抽象的道德規範，而是通過不斷接觸以為師者的生活為示範的多種多樣的生存環境。為師者本身同時必須也是一個勤奮的學生，此外，他必須是一位體諒和熱愛同伴的探索智慧的同路人，並以此身分回答關於自我、社會、政治、歷史和文化的種種具體問題。

這大概是禮的價值在《論語》中獲得如此重要意義的主要原因。禮，像語言一樣，是交流和自我表達的一種形式。一個人若不逐漸知曉禮的「語言」，就不能成為社會的全面參與者。人的成熟依賴於創造性地獲得群體所共同規定的價值。禮，作為人類交往的一種非言說方式，在儒家文獻中受到特別重視，因為它不僅包含著對生命形態的共時性的承擔，而且包含著對活的傳統的歷時性的承擔。

然而，儘管《論語》的真正重心明顯傾向於人的社會性，但把儒家的學習概念描繪成是社會學的，還是不對的。例如，孔子本人認為，真正的學是「為己之學」，而不是「為人」之學❸。事實上，君子之學所獲得是個我知識，這種知識隱含著一種生活方式，它永遠不能作為一行為藍圖而全部客體化。這樣理解的身教就必然要求有一種探索的意識。事實上，對話式的交往作為自我理解的不斷確證和更新的過程，總包含著創造性。從而，君子之道，既是一種可演示的群體行為，也是一個內在的自我轉化過程。為人之道的這種內在性和直接性，在《論語》中是經過孔子認可的價值，以致他毫不含糊地宣稱：「仁遠乎哉？我欲仁，斯仁至矣。」❹

---

❸ 在《論語》中是這樣說的：「古之學者為己，今之學者為人」（第14篇第23章）。阿瑟·韋利將這段話準確地譯為：「在古代，人們為自我提高而學習，今天，人們為影響他人而學習。」見《孔子的論語》，阿瑟·韋利英譯本，頁187。

❹ 《論語》，第7篇第29章。

也正是因為禮必須建立在仁的基礎上，所以禮才被視為要後於仁❺，假如沒有仁，禮的實踐就易於墮落成形式主義。孔子對顏回詢問仁的意義所作的回答，是很有教益的。與他在其他場合將仁描述為愛和慈不同，孔子對他最優秀的門徒解釋說：「克己復禮為仁。」❻ 這一富有生命力的思想包含著十分重要的一點，即：如果說禮儀化是儒家為人（做人）的途徑，那麼，它是與儒家對克己（掌握自我）的更基本的關心不可分割的。

儒家對克己的關切，在孟子的哲學人類學中獲得重大發展。孟子把學概括成只不過是尋回失去的心（「求放心」），並以此來突出心在其思想體系中的中心地位❼。在他看來，學習做人的方法，首先是心的純化和滋養。但是，由於《孟子》中的漢字「心」既有認知和情感的意義，又有意志的意義，因而心的修養就不僅包括協調人的情感，而且包括銳化人的意識和確立人的意志。實際上，孟子所說的心，決不僅僅是一個生理學或心理學的概念，而且是進行道德自我修養的本體論基礎。孟子聲

❺ 在《論語》中是這樣說的：「子夏問曰：『巧笑倩兮，美目盼兮，素以為絢兮。何謂也？』子曰：『繪事後素』。曰：『禮後乎？』子曰：『起予者商（子夏）也！始可與言《詩》已矣』。」（第 3 篇第 8 章）應當指出，這裡的「詩」係指《詩經》，它代表人的基本情感的自然流露。

❻ 《論語》，第 12 篇第 1 章。對孔子這段思想的哲學意義的討論，見我的論文〈仁與禮之間的創造性張力〉，載《東西方哲學》，1968 年 1–4 月，總 12 期，頁 29–39。

❼ 《孟子》，第 6 卷（下）第 11 章。

稱，正是由於心——它也被稱為「大體」——道德才不是從外部置入我們，而是我們本性所固有的東西❽。

　　我認為，正是在這方面，孟子堅持認為「不能」和「不為」之間存在著基本區別❾。儘管孟子充分承認人與人之間在氣質、才能、智力和環境影響方面的差異，但他堅決主張，作為尋求道德自我發展手段的學習做人的能力為人類社會每一成員所具有。意志能力，即心的內在決定能力，不僅是自我實現的終極原因，而且也是自我實現的現實力量。事實上，孟子的道德哲學更加清晰地表達了儒家對人的意志力的信念：「三軍可奪帥也，匹夫不可奪志也。」如我在別處指出的，孟子對人能通過自我努力而臻於完善的始終不渝的信念，是他贊成這樣一種觀點的直接結果，即不管人心受到怎樣的干擾和破壞，它的內在的復活力量永遠不會削弱❿。實際上，這種貌似簡單的求助於所謂真我的不可摧毀性是與一種強調人的價值的共同性和普遍性的人性論密切聯繫在一起。

　　孟子通過將注意焦點放在「人之所同然者」上，企圖說明，道德的善不僅是人性固有的潛能，而且是被普遍體驗的現實。無疑，孟子充分意識到人有一種「實在太像人的」殘害自然、

---

❽ 關於孟子道德哲學的討論，見我的論文〈論孟子的道德自我發展概念〉，載《一元論者》(*The Monist*)，1978 年 1 月總 61 期第 1 期，頁 72–81。另見《孟子》，第 6 卷（上）第 15 章。

❾ 《孟子》，第 1 卷（上）第 7 章。

❿ 〈論孟子的道德自我發展概念〉，頁 76。

人類和自我的殘暴。因為他畢竟生活在歷史上被稱為「戰國」的時代，這個時代以同姓同族間殘殺鬥爭的眾多事件著稱。關於牛山的寓言——這座山的樹木被伐木者砍得精光，嫩芽新枝也被放牧的牛羊吃光——清楚地表明，孟子深知人的生存環境遭到破壞的程度。然而，儘管他對人性的實際狀態作了現實主義的評估，但他仍然提出「聖人與我同類」 ❶ 的命題。這一論斷給人的啟示是，外部環境不管變得如何惡劣，都不能使我們否認普通人能夠成為聖人的現實。

對自我內在根源的這種信賴性的承擔 ❷，其根據就在於：人的共同情感，例如惻隱、羞惡、辭讓以及是非之心（儘管它們是相對的、且有時是微弱的），卻是道德自我修養的具體基礎，我們作為一個普通人，當突然看見小孩就要落井時，就會立即體驗到驚恐和關切，這一事實有力地證明，我們具有同情他人的能力。當然，我們的同情心有時是潛伏的，有時只是一種被自私煩惱的灰塵所掩埋的「火花」。但是，心的本性和功能就是這樣，一旦它受到保護和滋養，就會重新獲得活力。雖然人會失去他的心，但是說人不能立志找到它，那就不可思議了。不消說，意志行為本身也是心的一種活動。思維的這種表面的

---

❶ 《孟子》，第 6 卷（上）第 7 章。

❷ 「信賴性的承擔」這一術語，在這裡是在米切爾‧波那里的意義上使用的；見他的《個我親知：後批判哲學的傾向》(New York: Harper & Row, 1962)，頁 30–31。參見《孟子》，第 6 卷（上）第 6 章。

循環論證是微妙的，但不是惡性的循環。孟子極其嚴肅地斷言，如果任何具有道德情感的人「皆知擴而充之矣，〔終將〕若火之始然，泉之始達」⓭。實際上，這是普通人最終可能成為聖人的道路，它象徵著仁的無所不包，而又充實飽滿。因此，孟子之「學」首先關心的，是尋求自我理解。而「求放心」是一種精神的嚴格自律，依靠這種自律，諸如惻隱、羞惡、辭讓的原發情感和是非意識就會轉化成仁、義、禮、智等道德品質。

不過，如果由此認為在孟子那裡，知識已失去了它的客觀有效性，自我認識不過是轉化中的孤立的自我的自我意識，那就不對了。比如說，孟子把「內在性」（「內」）放在突出地位，這既不是對個人私隱的關心，也不是要獵取個性。毋寧說，它為了說明個我知識是通向真正的溝通和自我理解的可靠道路。這與儒家的下述訓條是一致的，即以自己的情感為導向的能力正體現於人際交往的過程中⓮，為己之學是表現共同人性的最好方式。

不可否認，人的強烈情感往往與諸如食、性等本能聯繫在一起。雖然孟子竭力勸告說，「養心」有賴於「寡欲」⓯，但他決不主張禁欲主義。相反，他不但認識到而且主張，基本的生理和心理需要必須適當地予以滿足。事實上他堅持認為，政治領袖的責任，就在於使人民有飯吃並使他們富裕，這是教化他

⓭ 《孟子》，第 2 卷（上）第 6 章。

⓮ 《論語》，第 6 篇第 28 章。

⓯ 《孟子》，第 7 卷（下）第 35 章。

們的先決條件。孟子堅持說，如果沒有適宜的生計，把道德標準強加給人民是沒有意義的❶❻。然而，指出下面這點是極為重要的，即動物性欲望的滿足，不過是對人的最低要求。如果一個人犧牲其「大體」專注於食和性，那麼他就很難充分地意識到作為人的價值。這就像一個目光短淺的人只知「養其一指而失其肩背」❶❼。「均是人也，或從其大體、或從其小體。何也？」對這個問題，孟子的回答是：「耳目之官，不思而蔽於物。物交物，則引之而已矣。」❶❽

　　不言而喻，正是「思」能把我們從小體的限制中解放出來。我們不應當把這種觀點錯認作唯智論，孟子意義上的思不僅涉及心（情感）和腦（思維），而且涉及「身」。它意味著一種整體的或整合式的學習方式。所以，孟子說：「先立乎其大者，則其小者弗能奪也。此為大人而已矣。」❶❾也正是在這個意義上，孟子堅決主張，「唯聖人，然後可以踐形」，即可以充分實現人或人「身」的形構❷❶。換句話說，真我的發展不同於私我的膨脹，它是一個把自己向日益拓展和深化的價值視野敞開的過程，而這些價值是志趣相投的有道德的個體所共同組成的群體所共有的。這是一條具體的途徑，通過它可以使個我認同和彼此溝

---

❶❻ 同上，第 1 卷（上）第 7、20 章；第 3 卷（上）第 3 章。

❶❼ 同上，第 6 卷（上）第 14 章。

❶❽ 同上，第 6 卷（上）第 15 章。

❶❾ 同上。

❷❶ 同上，第 7 卷（上）第 38 章。

通的經驗得到普適化。在這種背景下，孟子的結論似乎是恰當的：如果我們能充分擴展我們的心（盡心），我們就能徹底體悟我們的人性（知性）；如果我們能徹底體悟我們的人性，我們就能知天❹。

從表面上看，這似乎只是一種天真的信仰，相信心有充分發展自身的能力；同時在這個過程中，它不僅會理解一般的人性，而且還將理解最高的真實，也就是天。然而，先秦儒家有一個基本假定，支撐著人道和天道的合一這個似乎放肆的浪漫主義主張。它所提出的理由可以在短小而極富啟發性的原典〈中庸〉裡讀到。在我對〈中庸〉的研究中，我曾提出如下意見：

> 儘管〈中庸〉承認天人合一，但是它既不否認、也不輕視超越的真實體。事實上，既然人性為天所授，並為天所確認，因而在〈中庸〉看來，人以任何本質方式與天離異，是不可思議的。人作為天的創造過程的不可分割的組成部分，不僅被賦予了宇宙之「中」（宇宙最精緻的品質），而且擔負著使宇宙完成其生化的使命。因此，道不過是真正人性的現實。嚴格地說，天與人的關係不是創造者和創造物的關係，而是以誠相待的關係；人知天的唯一途徑，就是深深地滲入自己的存在基礎。因此，一切哲學或宗教的探索必須從反思此時此地的人

---

❹ 《孟子》，第 7 卷（上）第 1 章。

的問題開始。❷

對〈中庸〉所作的這種哲學人類學的初略概括也許給人以這樣的印象：儒家傳統中的孟子一系（〈中庸〉是它的一個組成部分），似乎贊同「人是萬物的尺度」這一命題。但是正如我曾進一步指出的：

> 人們〔當然〕可以爭辯說，〈中庸〉中的教與學所關心的，基本上是如何做人的問題，並認為天人合一、人與自然和諧等學說，都是這種人文主義關切的表現。神靈主義和自然主義本身在〈中庸〉中並不起主要作用。但是，如果我們把〈中庸〉的人文主義說成是人類中心論的一種形式，而無視其中的神靈主義和自然主義的層面，那是不足取的。❸

實際上不難看出，就〈中庸〉的視角來說，實現人性的最深層意義必然引發一個超越人類學領域的過程，其中的邏輯是很容易理解的：既然人性授之於天，因此它就分享了那構成萬物基礎的真實。所以，要實現這個深藏的真實並不是超越而是要通過人性來進行。從本體論角度來看，這是以人性具有通過日常生活實現天的終極意義的「良能」和「良知」這一信念為

---

❷ 杜維明：《中與庸：試論「中庸」》，頁9。

❸ 杜維明：《中與庸：試論「中庸」》，頁10。

基礎的。但是，要想在具體的日常經驗中實現人性的這個本體論真理，需要一個持續的修身過程。這使人聯想起曾子對道和君子之責任的描繪：「仁以為己任，不亦重乎？死而後已，不亦遠乎？」❷❹

正是在這個意義上，充分實現自己本性的人必然會成為本真的人性的楷模。「因此，被實現的不僅僅是他個人的人性，而且是總體上的人性本身。既然人之性是『萬物』的不可分的組成部分，因此它的完全實現必然也導致萬物的實現」❷❺。在這種背景下，真誠的、本真的人對自我認識的尋求，可以被認為同時也轉化了宇宙。〈中庸〉的以下論述，因而可看作是儒家對人的可完善性信仰的明確表達：

> 唯天下至誠，為能盡其性。能盡其性，則能盡人之性；能盡人之性，則能盡物之性；能盡物之性，則可以贊天地之化育；可以贊天地之化育，則可以與天地參矣。❷❻

確實，「君子通過長期深入挖掘自己的生存基礎的無止境過程，發現他的真正的主體性不是孤立的自我，而是進行創造性轉化的真正源泉所在」❷❼。

---

❷❹ 《論語》，第 8 篇第 7 章。

❷❺ 杜維明：《中與庸：試論「中庸」》，頁 118。

❷❻ 〈中庸〉，第 22 章。

於是對內在精神性的尋求和對社會責任性的承諾之間的表面衝突，不再有關宏旨了。就連自我和社會之間的張力——它是「宗教」經驗的最顯著特徵之一——也獲得了不大相同的意義。在儒家思想的孟子傳統中，「內在性」意味著一種被體驗到的人的價值，一種對善的個我親知。但是，要說人的內在的仁義道德感的成熟不會導致對社會福祉的日益增漲的關切，那是不可思議的。事實上，對自我日臻成熟的真正威脅正是自私。自我的私我化，用孟子的話來說，就是小體挫敗了大體。因此，養心就要使心能從自我與他物之結構相互溝通的遍在的源泉中不斷汲取力量。

這種人文主義的見解——起初見之於《論語》，繼而在《孟子》中展開，最後在〈中庸〉中獲得豐碩成果——是對於自我理解和自我實現這種人的永恆關切所採取的一種整體性取向。因此，儒家的人文主義根本不同於人類中心主義，因為它承認天人合一，而不是將人的意志強加於自然。事實上，人類中心主義的假設——即人被置於地球上為了尋求知識，隨著知識的擴展，人對地球的統治也在擴展——與儒家把求知當成是自我修養之必要組成部分的觀點截然不同。誠然，知識就是力量這一信念在儒家傳統中並不是完全沒有。例如荀子就竭力主張，既然文化是人為的，因此人對自然的改造不僅是必要的，而且是完全值得稱道的。但是，荀子所提倡的，決不是富有侵略性

---

❷ 杜維明：《中與庸：試論「中庸」》，頁 140。

的那種唯科學主義。事實上，他痛苦地意識到了匱乏這個原則，因此，總的說來，他對自然資源採取的是保護主義的態度❷，並不主張對它操縱濫用。

因此，人對自然的改造意味著有節制地利用環境維持基本生計，同時也意味著學會協調地生活在自然環境中，進行一種整合性的努力。剝奪自然的觀念與儒家對道德自我發展的關切不相容，因而被拋棄。因為，按照儒家說法，一旦我們的注意力集中於外界，我們的內在資源就一定會被浪費掉。用孟子的話來說，「物交物，則引之而已矣」，這會形成惡性循環。由於物作用於感官，感官就需要更多的物來滿足。這會導致「小體」不可遏制的擴張，即一種膨脹了的私我，最後造成真我（本心）的喪失。這似乎支持了現代社會學的見解，即對技術支配力量的讚頌可能產生一種具有巨大多種才能的生物，他的外在的靈活性與他少得可憐的內在自由是不相稱的。換句話說，他的適應能力僅僅說明一個冷酷事實，即由於他已被人為的環境塑造成種種不自然的做作的形式，他再也不能體驗他自身的自我了。

然而，應當指出，儒家用人文主義觀點探求整體性理念，與尋求經驗知識的科學精神決不是不相容的，儘管它與主張唯有可實證的知識才有哲學上合理性的武斷的實證主義大相逕庭。事實上，經驗知識在儒家傳統中具有珍貴的價值，以致儒

---

❷ 對荀子政治和社會思想的簡要論述，見馮友蘭：《中國哲學史》，德克·博德英譯本 (Princeton: Princeton University, 1952)，卷 1，頁 294–302。

家為人之道規定了一個內容廣泛的教育綱領，除了其他學習內容外，它把花草樹木、飛禽走獸的自然界也包括在內。還應當指出，有教養的人所必備的儒家「六藝」既涉及算術，也涉及禮、樂、射、御、書❷。並且，儒家的五經也是研究天文、地理、政治、歷史、詩歌和文學的豐富資源。這就不難理解，〈大學〉這篇非常簡潔地論及儒家修養的文章，為何以「格物」的訓言開始它的教誨❸。當然，儒家意義上的致知，一向被認為是一種整體性的「人化」（或「人性化」）過程的組成部分。但是，知識的價值在儒家的人文主義中是絕對不可少的；一個人不經過學習做人的自覺過程就能成為充分意義上的人，是不可思議的。

在這種精神導向中，包含著一種要求：在作為內在道德選擇的自由與作為整個宇宙展示其自身的知識之間努力保持微妙的平衡。它既反對通過內省肯定孤芳自賞的私我，也反對為了無限擴張人的操縱力而對外部世界過分依戀。象徵著人的求知、變革和征服欲望的浮士德精神或無限擴張的普羅米修斯神話，是與儒家的人的概念不相容的。這並不是因為它們凸顯了自我超越，而是因為它頌揚了對太初秩序的徹底破壞。當孟子說到「大人者不失其赤子之心者也」❸時，他可能是就知識及其與

---

❷ 這裡是指儒家教育的著名的「六藝」，見《周禮・地官・大司徒》。

❸ 「格物」概念是宋明儒家思想中學術爭論的最重要焦點之一。它是〈大學〉中為學「八條目」第一步。見陳榮捷：《中國哲學資料選集》，頁 84–94。

人性的關係作出概括性論斷。在他看來,知識的價值在於它對增進自我的實現、人的群體性和天人合一的智慧方面有所貢獻。換句話說,知識幫助我們實現我們的原初本性。如果人們為知識本身而追求知識,使知識完全超出人的自我認識,它就會成為對我們內在自由的嚴重威脅。

另一方面,在儒家傳統中,占有知識決不是為了把它變成一種占有物,以便控制自然。毋寧說,它意味著自我向自然開放的一種動向。要過豐滿的生活,就需要一種把有限的自我結構轉化成日益深廣的自我的意願和勇氣。正是在這個意義上,真正的主體性不僅與那種親身體驗的普遍性並行不悖,而且是它的不可缺乏的要素。對於自我實現的真正威脅不是外部世界,而是對自我的無知和唯我主義。因此,儒家的「道」──它主張無止境的自我轉化過程是一種群體行為❸❷──企圖表明,被恰當地理解為一種人文主義價值的知識可以最終把我們從小我的禁錮中解放出來。

關於自我問題的討論,自然會把我們引向一種比較考察:儒家傳統不是根本沒有,就是完全拒斥了一大批西方觀念,而這批觀念被認為是對人性作出了比儒家更加精緻的哲學理解的必然產物。這類觀念包括自我利益、私有財產、心靈孤獨,以

❸❶ 《孟子》,第 4 卷(下)第 12 章。

❸❷ 關於這一點的更全面的論述,見我的論文〈作為群體行為的終極自我轉化:論傳統中國之自我修養模式〉,載《中國哲學雜誌》,1979 年第 6 期,頁 237–246。

及心理上的個人中心主義。它們分別對政治上、經濟上、宗教上和倫理上的個人主義的形成作出積極貢獻。確實,我們還可以進一步指出,與這類觀念相衝突(即使不算相矛盾)的觀念,例如責任意識、公職觀念、天人感應和群體感,在儒家思想中卻占有非常突出的地位。當然,我們必須考察中國歷史的各個不同階段,以便從經濟條件、政治組織、社會結構和其他種種制約條件中去確定究竟是哪些原因造成了個人主義的觀念與其社會實踐之間——主要從西方觀點來看——出現了表面上很不平衡的現象。

這是否意味著儒家的人的尊嚴概念可以和個人的自主、私隱和自我發展分離開來呢?毫無疑問,儒學的平等,是根據人的內在價值及其達到道德完善的固有能力來界定的。既然自我實現的本體論基礎和實際的力量被認為是牢牢地固定在人的心性結構之中,對人的尊嚴的尊重必然會被認為平等而普遍地適用於所有的人。但是,由此並不必然得出這樣的結論:既然應該平等地尊重一切人,就不可能批評那種以自我為中心的自主、作為自我孤立的私隱、作為自我中心主義之表現的自我發展。

我們很難證明一個人不通過自我決定的方式作出抉擇,也能保持自身的尊嚴。然而,如果說人的尊嚴僅僅取決於他能否完全根據有意識的「自我」來決定自己的行為,那麼這仍然是一種極為可疑的說法。具體地說,一個人到底在何時何地並如何行動才算自主地進行活動,往往是可爭議的。更複雜難斷的是下面這個倫理宗教問題:到底哪種人才算真正體驗到內在自

由並進而宣稱是自主的呢？同樣，把私隱說成是免於干擾和不受阻礙的自由，是以一個特定觀念為基礎的，這個觀念，用耶賽亞·伯林 (Isaiah Berlin) 的話說，就是「必須在私人生活領域和公共權威領域劃定一條邊界」。但不幸的是，這個「邊界」觀念在道德上是有爭論的，並且很容易在政治上被濫用。在我們看來，即使就自我發展來說，雖然實行自我中心主義並不像受意識形態控制的集體主義觀念對易於輕信的人進行反覆灌輸那樣危險，但它仍然構成一種對人的正常成長的扭曲。

在歷史上，個人主義作為西方社會推動力的出現，可能曾與某些十分特殊的政治、經濟、倫理和宗教傳統交織在一起。因此，人們似乎可以合理地認為：我們可以贊同把自我視為平等和自由的基礎，而拒不接受洛克的私有財產觀念、亞當·斯密和霍布斯的私人利益觀念、約翰·斯圖亞特·穆勒的隱私觀念、克爾凱戈爾的孤獨觀念，或早年薩特的自由觀念。儘管我同情斯蒂文·盧克斯 (Stephen Lukes) 的結論，即「實現個人主義的種種價值的唯一道路是某種人道形式的社會主義」 ❸，但是我仍然猜想，這項工作大概必須從探討人的價值及其深遠的哲學含意開始。

---

❸ 斯蒂文·盧克斯：《個人主義》(New York: Harper & Row, 1973)，頁 157。

五、仁：《論語》中一個充滿活力的隱喻

在一篇考察中國人和西方人對仁的解釋的文章中，陳榮捷堅決主張，孔子在《論語》中第一個把仁看成是具有普遍一般性的美德，「它是基本的，普遍的，並且是一切具體美德的根源」。他進一步評論說，「雖然孔子的仁作為普遍性美德不會被誤解，但他從未給它下過定義」❶。他的看法是，在儒家象徵系統的價值等級結構中，仁占居中心地位，其他基本美德都圍繞著仁而依次展列，儘管仁本身從未得到明確界定。這種看法，按照中國人和日本人的傳統注疏，其正確性似乎是自明的。

據我所知，對這種頗為一致的解釋唯一提出嚴峻挑戰的是赫爾伯特・芬伽萊 (Herbert Fingarette)，他集中研究了「禮」，視之為人類社群中「神聖的儀禮」。在《孔子——以凡俗為神聖》一書中，芬伽萊認為在《論語》中絕不可能有任何關於內在心靈生活的譬喻。孔子的仁應當理解為「通過禮所規定的各種具體形式表達的互相信任和尊重」❷。本文的目的就是結合

❶ 陳榮捷：〈中國人和西方人對仁的解釋〉，《中國哲學雜誌》，1975年第 2 期，頁 109。

❷ 赫爾伯特・芬伽萊：《孔子——以凡俗為神聖》，頁 42。

芬伽萊富有挑戰性的見解,對於「仁」作為一個富有活力的隱喻進行一次新的探討。

論辯境域

對於擅長論爭技巧的現代研究者來說,孔子看起來像「一位平庸狹隘的道德說教者」,他的言論集似乎是「古舊過時,支離破碎的東西」❸。如果研究者主要關心的只是語文學或訓詁學的具體問題,這種初步印象很可能固定下來變成一種不加反思的成見❹。不用說,一種僅僅限於闡明經典原文在文字訓詁解釋方面細微差別的研究,會留下許多根本就沒有提出的問題。既然「未提出的問題看來也無人回答過」❺,因而,認為孔子是一位過時的道德說教者,對他的研究只「具有歷史上的意義」的看法就會繼續保持下去❻。孔子在什麼意義上才能像芬伽萊

---

❸ 芬伽萊:《孔子——以凡俗為神聖》,頁7。當然,芬伽萊明確地指出,他對《論語》的這種印象是短暫的。

❹ 「語文學」一詞在這裡僅用來表示清朝乾嘉學派傳統中的語言分析方法。我知道,用沃克的《語文學》原理的術語來表示的「語文學」——它表示「對曾經被認識的東西的再認識」——在哲學上還是有意義的。這種看法,我得益於馬騷‧麥尼亞瑪。參見他的《日本常呂川理智史研究》,米基索‧海因英譯本 (Princeton: Princeton University Press, 1974),頁20。

❺ 芬伽萊:《孔子——以凡俗為神聖》,頁9。

❻ 列文森意義上的「具有歷史上的意義」,其含意相當於「傳統主

所說的那樣，被理解和評價成「一位像我所知道的任何偉人那樣具有深刻洞察力和豐富想像力的思想家」呢❼？

開始我就想指出，《論語》的表達方式，是一種 W. C. 布思 (W. C. Booth) 所大力倡導的「求同論辯」的形式❽。在這種論辯情境中，內部的溝通線路是以一種與偽科學論斷根本不同的人性觀為基礎的，這種論斷認為，人是存在於價值中立的宇宙中的一種理性的原子式的機別。而本文的基本設定卻是：人類是通過象徵符號的互相交換而取得其存在的。我們「是在彼此分享目的、價值和意義的過程中創造出來的；實際上，我們相互之間相似之處勝過差異之處，我們存在於共性中比存在於特性中更有價值：離開了我們之間的關係去考慮，我們事實上就變成什麼也不是了」❾。從這種視角著眼，用「個人」和「社會」這兩種術語來界定的整個世界就發生了轉變：「甚至像我、我的、我的東西、自我這些詞的用法，都必須重新思考，因為自我和他人的分界線不是消失了，就是明顯地改變了」❿。

義」的含意，意味著正在談論的「遺產」跟現代沒有什麼關係，因為它不再是活的傳統了。指出這一點是十分重要的。

❼ 芬伽萊：《孔子——以凡俗為神聖》，頁 7。

❽ 韋恩·C·布思：《現代教義和認同修辭學》 (Chicago: The University of Chicago Press, 1974)。我感激我的同事勞拉德·納特罕 (Leonard Nathan)，他引起我對這本富有生氣的著作的注意。

❾ 同上，頁 134。

❿ 同上，且參閱芬伽萊：《孔子——以凡俗為神聖》，頁 72–73。

正是在這方面，芬伽萊的洞見顯得異常貼切：

> 內在的人及其內心衝突的形象，對於作為下面這種
> 存在物的人的概念並不是非有不可的：這種存在物所具
> 有的尊嚴是一種微妙、精緻而複雜的生活臻於極致的結
> 果。在這種生活中，人的行為既能從自然角度去加以理
> 解，又可以與神聖境界相協調，在這裡實際的、思想的
> 和精神的諸層面都同樣受到尊重，並在同一種行為即禮
> 的行為中和諧一致。⓫

確實，由於強調人類生活的共同性、互通性和群體性，「求
同論辯」不僅確認了人的本性的可塑性，而且確認了通過群體
共享和相互激勵而形成的未經割裂的自我的可完善性。但是，
這既不是對幻想浪漫式的主張開出許可證，也不是對武斷的科
學主義的操作的崇拜，而是企圖不訴諸「純屬單線式」的論辯
程序，而對「我們之間自然而然的、不可避免的相互作用的方
式從常識角度」給予肯定⓬。在另一個場合，我曾使用與「彼
此對抗的系統」相對立的「彼此信賴的群體」這個概念，來描
述這種心靈和社會的情操⓭。

以這種論辯見解為基礎的哲學人類學主張，「人在本質上是

⓫ 芬伽萊《孔子——以凡俗為神聖》，頁 36。

⓬ 布思：《現代教義》，頁 141。

⓭ 杜維明：《中與庸：試論「中庸」》，頁 99–152。

一種自我塑造和再塑造的過程，一個符號操作者，信息交換者，溝通者，勸說者和操作者，探究者」❶。在既具有認知又具有情感意義上的自我認識和群體意識所賴以發生的符號交換，就這樣變成了人的基本生活環境。在這種情況下，充滿類比推理的對話交談，決不僅僅是一種「不健全的歸納陳述的形式」❶。因為它們的說服力並不在於不帶感情色彩的邏輯推理的精確無誤，而在於訴諸常識、訴諸健全恰當的情理，訴諸參與共同價值的創造活動的意願。

誠然，正如布思所說，「我們沒有理由假設，世界是合乎理性的僅僅因為它能使我們所有的『局部』價值和諧化；事實上我們知道，這個世界每時每刻都表現出……各種合理認識之間的尖銳衝突」❶。其實，在《論語》中找不到人們從客觀主義者的論斷中所得到的那種假設，即「一切真正有理智的人總歸會取得一致」❶。相反，理所當然的是，具有不同個性的通情達理的人會對「道」產生各種不同的看法。我在思考儒家立身成人的概念時已經指出，「既然道不是一種確立固定的行為模式的標準，一個人就不能依據他接近某種外在理想的程度來衡量

---

❶ 布思：《現代教義》，頁 136。

❶ 根據蒙羅‧C‧畢爾茲萊：《直接性思維：讀者與作者的推理原則》(Englewood Cliffs, N. J.: Prentice-Hall, 1966)，頁 130–136、284，引自布思《現代教義》，頁 141。

❶ 布思：《現代教義》，頁 110。

❶ 同上，頁 111。

其行為的成敗」❸。因此,「甚至在孔子最親近的門徒中,自我實現的途徑也很不一致。在顏回的早夭和曾子的長壽之間,有著立身成人的許多不同表現」❸。

不過,實現道的途徑的多樣性,決不與這樣的觀點相衝突,即求道必須經歷一個符號交換的持續過程,這個過程乃是通過與他人分享他們所共同珍視的各種價值實現的。自我作為人際關係的中心而不是作為孤立的個人,在《論語》中是作為一種基本前提存在的,以至於我們可以說,所謂「徹底自主的存在物」的人是不可思議的,「除非在人類交談溝通的母體中」❹,本真的自我是不可能顯現。

按照這樣的理解,《論語》中的對話,就不僅是大師的指導性言論,而且是主體間相互確認的思想觀念,是交談者以自己的生活經驗為例,通過履行禮來體現的群體價值觀念。既然禮的行為必需他人的參與,因此,《論語》的論辯處境,從所謂存在的意義上說,並不以老師向學生講授的死板公式為特徵,而是以老師答覆學生的具體問題時所透露的特有情操態度為特徵的。總地說來,這種交談反映了對於作為彼此協力之自我實現的深切關懷,也反映了互相默契的群體追求。因此可以理解,

---

❸ 杜維明:〈儒家的成人觀〉,*Daedalus*,105: 2(1976,春),頁110。

❸ 同上,頁121。

❹ 布思:《現代教義》,頁132,且見芬伽萊:《孔子——以凡俗為神聖》,頁34。

在儒家傳統中，無論對老師還是對學生來說，教與學都是不可分離，甚至於是相互轉化的。

符號學結構：作為指號的仁

一般說來，從詞源上看，仁由兩個部分構成，一部分是人形的簡單表意符號，意味著自我；另一部分是平行的兩橫，表示人的關係❷。比特·布特貝爾格 (Peter Boodberg) 在〈儒家若干基本概念的語義學分析〉一文中，顯然遵從了這種詮釋傳統，提出應把仁譯成 Co-humanity（即「互相為仁」之義）。他以對有關漢語詞彙的古代音韻學分析為依據，進一步提出仁的原本含義應當是溫和、柔弱，我根據他的理解推測，還有柔順的意思❷。

布特貝爾格的主張，並不是對儒家經典的新解釋，它可以用中國學者和日本學者關於這個問題的大量學術成果來具體說明。在一項關於孔子以前時代仁的演變的新近研究中，方穎嫻根據符號學分析的兩個關節點，從鑑定仁的原義的角度概括了

---

❷ 我意識到，關於指號的這種詞源學考察，可追溯到漢語的訓詁學者許慎，這種考察本身可能受了儒家傳統的影響。見陳榮捷：〈中國人和西方人對仁的解釋〉，頁 108–109。

❷ 比特·布特貝爾格：〈儒家若干基本概念的語義學分析〉，載《東西方哲學》，1953 年 10 月，第 2 輯第 4 卷，頁 317–332。關於陳榮捷就布特貝爾格對仁的語義學分析所作的批判性評論，見陳榮捷：〈中國人和西方人對仁的解釋〉，頁 125。

她的發現。據此，仁的原義應當是：⑴人類情感的溫柔的方面，即愛；⑵對別人的利他主義的關心，因此是人性成熟的表現❷❸。但不論在哪一種情況下，仁都是作為一項特殊美德在起作用的，往往與其他同等重要的美德，例如禮、信、義、智、勇，形成對照。因此，可以想像，仁者可能既無勇又無智，因為他的溫柔可能變成代表懦弱的指號，而對於別人的利他主義的關心可能成為現實地評估客觀狀況的障礙。

這位作者接著作出結論說，《論語》中仁的概念，似乎是春秋早期這兩種傾向的結晶。孔子的創造性綜合靈巧地把作為「愛人」的仁和作為「成人」（指充分發展人性或倫理學意義上的成人）的仁結合起來❷❹。因此，在《論語》中，仁被上升為普遍性的美德，比儒家任何其他基本美德更富包容性。誠然，「愛」仍然是仁的顯著特徵，但隨著仁的範圍在質上的擴大，把仁僅僅設想為一種局部性的價值，就不再可能了。確實，仁者必定是勇敢而聰敏的，儘管勇敢而聰敏的人可能不是仁者。在更深一層的意義上說，通過仁這個普遍性美德，勇和智這一類價值就經歷了某種再評價。勇敢和聰敏作為仁的符號學結構的構成因素，現在應當被理解為勇毅和智慧。

撇開發生學上的根據不談，這種由於運思細密而造成的思想上質的跳躍，或許正是仁在《論語》中含義複雜的主要緣故。

❷❸ 方穎嫻：〈原仁論——從詩書到孔子時代之演變〉，《大陸雜誌》，1976 年 3 月總 52 期第 3 號，頁 22–24。

❷❹ 同上，頁 33。

在方法論上，看來有一個問題與仁的符號學結構的複雜性特別密切相關，我們不妨稱之為「接合」問題。不過，在簡要地分析這個問題以前，首先就應當先指出，《論語》對仁本身到底是什麼缺乏明確的界說，這一點不應當解釋成是夫子為了避免直截了當地向學生宣示奧祕的真理而有意設計的啟發式手段：「二三子以我為隱乎？吾無隱乎爾。吾無行不與二三子者」（第 7 篇第 23 章）。相反，孔子在努力將他所理解和體驗的仁的真正含義傳達給學生時，看來倒是絕對認真的。正如許多學者指出的，在《論語》一書中真正表現得最凸顯的、獨一無二的特色畢竟是仁，而不是智、勇或禮。

儘管孔子 「罕言利、與命與仁」（第 9 篇第 1 章），但在《論語》中，他的被記錄下來的對於仁的評論遠遠多於他對其他美德的評論。當然，對這個問題的每條記載，都不過是通向那包羅一切的美德，或用韋利的說法，通向那「神祕實體」❷⑤的一個線索。在《論語》的 498 章中，有 58 章、105 次提及仁❷⑥，其中肯定有一些表面上看來像是相互抵觸或自相矛盾的論述。把這些論述進行機械羅列，不大可能連貫一致地說明仁。我們肯定需要一種更加複雜的方法。

首先，我們不應當輕易忽略那些可在體現仁的人們身上所看到的，像是老一套的品德：「謙恭」、「勤勉」、「誠信」、「恭敬」、「寬厚」和「友愛」（第 13 篇第 19 章、第 14 篇第 5 章、

---

❷⑤ 阿瑟‧韋利：《孔子的論語》，頁 28。

❷⑥ 根據陳榮捷：〈中國人和西方人對仁的解釋〉，頁 107。

第 17 篇第 6 章）。因為在這些傳統品德所提供的常識和合情合理的脈絡中，我們就可以找到仁的所在❷。不過，仁的溫柔性還同「勇敢」、「堅定」和「果斷」等品德緊密聯繫在一起。換句話說，唯有仁者才知道如何「好人」和如何「惡人」（第 4 篇第 3 章），因為只有達到最高道德水準的人，才能把愛憎之情按照不同的具體場合所應有的恰當反應不偏不倚地表達出來❷。這裡所依據的是下述的倫理原則，即立志求仁者應當戒除惡意（或者說戒除憎恨）；據此他們就能以一種既公平超脫又富有愛心的方式，對充滿價值和情感的情境作出反應。這種弔詭（不是晦澀），在讀到孔子把四方討好、八面玲瓏的「鄉愿」稱為「德之賊」（第 17 篇第 13 章）時，便會得到化解。仁者不能容忍惡，是因為他對別人無惡意；因此，他能憎惡也就真實地表明了他心中並沒有一股壓抑著的憎恨❷。

我們把仁和其他兩個重要概念即智和禮聯繫起來時，如何「接合」的問題就變得特別明顯了。如果把仁理解為某種態度和意向的複合體，並把其他兩個重要概念視為其組成部分或起作用的因素，那麼，我們在仁對於智或禮的關係問題上的最初困惑就能消除。換句話說，仁就像是符號交換得以發生並存在的源泉。正是在仁的「影響範圍」❸內，智和禮的意義才得以

---

❷ 參見芬伽萊：《孔子——以凡俗為神聖》，頁 41。

❷ 同上，頁 40。

❷ 因此，我不能苟同芬伽萊所謂「這已經再明白不過了：仁的概念是模糊的」這一看法。

產生、形成，而它們又反過來豐富了仁的資源。我只想指出，不作過度發揮，仁與智或禮的關係大體上可以這樣表述；即「仁者必有勇，勇者不必有仁」（第 14 篇第 4 章）。無疑，在裁決人際交往的法庭上，正如《論語》的論辯處境所示範的，如果只有仁出庭而不見禮與智，那是不合法的。另一方面，只追求形式的禮和小聰明的智的事例則清楚地表明，如果沒有仁，所謂禮或智就很容易墮落成形式主義或者麻木不仁。因此，孔子說，「人而不仁，如禮何？」（第 3 篇第 3 章），這是因為禮的真正精神總是植根於仁之中的。

　　不管仁和智是否可視同「雙翼，相互支持」，在孔子的倫理體系中，兩者往往是成對出現的❸❶（第 4 篇第 2 章、第 6 篇第 21 章、第 9 篇第 28 章、第 12 篇第 22 章、第 15 篇第 32 章、第 14 篇第 30 章）。一方面是象徵仁者的山、靜、壽，另一方面是象徵智者的水、動、樂，它們之間的對照（第 6 篇第 23 章），給人以這樣的印象，即仁和智似乎代表生活的兩種同樣重要的風格。不過，當孔子斷言說，一個人離開了仁既不能長期經受得起貧困，也不能長期經受得起安樂。當他斷言仁者安於仁，而智者則敏於求仁（「不仁者不可以久處約，不可以長處樂。仁者安仁，智者利仁」（第 4 篇第 2 章））時，他在仁、智二者之中偏重何者就十分明確了。智必須由仁來維持，而為了達到仁又必須有智。「知及之，仁不能守之，雖得之，必失之」（第

---

❸❶ 布思：《現代教義》，頁 126。

❸❶ 陳榮捷：《中國哲學資料選集》，頁 30。

15 篇第 33 章），這段帶有關鍵性的話所表達的正是這個意思。

《論語》中的智，偶爾也帶有貶義，指一種支離破碎或無關緊要的知識（「小知」）（第 15 篇第 33 章）。有時，無知也可能具有敏於感受或靈活變通的意思（第 9 篇第 7 章），甚至智的對立面愚，也可在特殊情況下被當作內在力量的確證而博得讚許（第 5 篇第 20 章）。相反，仁總是被理解為「善」（阿瑟·韋利）、「有人心」（E. R. 休斯）、「愛」（德克·博德）、「博愛」（H. H. 杜布斯）、「美德」（H. G. 克內爾）和「仁慈」（陳榮捷）。用古代中國後期著作中出現的「假」（如「假仁」）和「女子的」（如「婦人之仁」）等形容詞來修飾仁的做法，在《論語》中是全然不存在的。根據上述討論，看來可以說，儘管仁和智作為互補的美德出現在孔子的符號體系中，但毫無疑問，正是仁才反映了儒家之道更為基本的特徵。

因此，說仁實際上與儒家一切其他基本概念微妙地聯繫在一起，也許算不得牽強。不過，仁與其中任何一個概念的關係都既不晦澀，也不神祕。我相信，系統地探究接合問題中的每一現象，最終可以導出仁的聯貫一致的符號學結構。這方面的有關問題絲毫不會比「格義」的學術傳統所已揭示出來的種種問題來得簡單。但是，通過「概念的比較」，或者用一種更有戲劇性的說法，根據比較分析對一組組成對概念的意義進行一系列的「撕打強索」，仁的真面目是不會久藏不露的。

現在，我們可以嘗試性地斷定：孔子拒絕認為子路達到了仁，儘管子路有政治領袖的才能，他也拒絕承認冉求為仁，儘

管冉求精於治國一套儀禮（第 5 篇第 7 章）；他還不贊成把子文的「忠」和陳文子的「清」看作仁。這並不是因為仁意味著「某種內在的神祕境界」，而是因為仁象徵著人性在其最普通的也是最高的完善狀態中的整體表現。

語意學的定位核心位置：作為象徵的仁

當我們把注意力從仁的接合問題轉向仁本身的問題時，我們很容易被這樣的一種許諾所吸引，即只要求仁，仁就會立刻出現：「仁遠乎哉？我欲仁，斯仁至矣」（第 7 篇第 30 章）。我們還得知，雖然很難找到真正悅仁的人，但每個人都有足夠的力量遵循仁的方向去行事，而無需依靠外來幫助（第 4 篇第 6 章）。可是，當曾子在他形象化的描述中將仁比作一個人畢生要承擔的重任時（第 8 篇第 7 章），仁的直接可得及其必成正果的內涵又呈現出一層稍微不同的新意。確實，只有在人戰勝了危難之後，他才能獲得仁（第 6 篇第 22 章）。

仁本身既表現為一種給定的現實，又表現為一種無法達到的理想，這種弔詭被《論語》的一些章節弄得更為複雜了，而這些章節使我們聯想起孔子在闡述仁的時候所抱有的那種絕對認真嚴肅的態度。君子被告誡無「終食之間」違仁；應當「造次必於是，顛沛必於是」（第 4 篇第 5 章）。仁必須先於其他考慮（第 4 篇第 6 章）；它是一種比人自己的生命更可貴的無上價值，因而是值得為之獻身的理想（第 15 篇第 8 章）。

但是，求仁從來就不是一種孤立的奮鬥，不是去追求孤立於「外在世界」或公眾領域的內在真理或純粹精神。「夫仁者，己欲立而立人，己欲達而達人。能近取譬，可謂仁之方也已」（第 6 篇第 30 章）。仁的任務，遠遠不僅是從內部去主觀主義地尋求人自身的個體性，它像依賴個人的自省那樣也依賴於富有意義的群體的共同探求。

曾子每天進行的自省便是一個恰當的例子。修身的努力自然意味著存在一個很難歸結為社會性考慮的精神道德層面，但是，曾子自省所關注的三大領域，即對人的忠，對朋友的信，對傳習學業的盡心盡力（第 1 篇第 4 章），卻都屬於前述「象徵符號交換」的必要組成部分。因此，我們可以說，曾子這段教誨顯然沒有脫離人際關係的領域。這樣理解的自我便成為一種價值創造的領域，而「信賴性群體」就存在於這個領域之中，並且是經由自我之間不斷互動的傳統才得以實現。我相信，正是在這種情況下，孔子才堅決主張，真正的學應當被界定為「為己之學」（第 14 篇第 25 章）。

不過，仁的本質特徵又促使我們超越行為主義的取向，無論這種取向聲稱自己的涵蓋面有多大。實際上，仁「在《論語》中看起來充滿弔詭和神祕意味」[32] 的原因，也與此有關。「克己復禮」 這四字被阿瑟·韋利錯誤地翻譯為 「能使自己服從於禮」 [33]，其實這詞組本身清楚地說明，仁的實現同時包括駕馭

---

[32] 芬伽萊：《孔子——以凡俗為神聖》，頁 37。

[33] 韋利英譯本第 162 頁。見我對韋利的解釋性闡述的批評：〈仁與

自我和回復到禮這兩方面。「能使自己服從於禮者為仁」這種詮釋從根本上就沒有切中要害❸。據此，把仁說成是一種「人掌握了禮所要求的行為技巧以後」的氣質傾向很可能是對兩者之間的接合問題採取了不妥的看法❸。仁不單是「人決心順從禮的問題（如果他具有這樣做的客觀技巧的話）」❸；事實上，它是一個內在力量和自我理解的問題，象徵著一種進行創造性的群體性表達的取之不盡的源泉。

仁對禮而言所具有的第一性和禮對仁的不可分性，正是我在〈作為人性化過程的禮〉❸一文中試圖展示的論點，它可以以孔子對林放「問禮之本」的回答為依據。孔子在指出這一問題的重要性後說：「禮，與其奢也，寧儉；喪，與其易也，寧戚」（第3篇第4章）。顯然，他強調的不是角色表演，而是「仁的素質」。因此，毫不奇怪，當子夏把孔子「繪事後素」的話理解為「禮後乎」的時候，孔子對子夏極為滿意（第3篇第8章）。

進行自我駕馭是實踐仁的關鍵，這可以從孔子在「剛、毅、

禮之間的創造性張力〉，載《東西方哲學》，1968年4月總22期第2號，頁30–31。

❸ 芬伽萊：《孔子——以凡俗為神聖》，頁42。

❸ 芬伽萊：《孔子——以凡俗為神聖》，頁51。

❸ 同上。

❸ 〈作為人性化過程的禮〉，見《東西方哲學》，1972年4月總22期第2號，頁188。

木、訥，近仁」這段話中看出來（第 13 篇第 27 章）。事實上，儘管存在著將《論語》心理學化的危險，指出這一點仍然是重要的，即《論語》所包含的很多觀念都規定，一個人成熟與否不僅取決於社會的認可，更重要的是取決於個人的品格，例如，要從武斷（意）、教條主義（必）、固執己見（固）和自我中心主義（我）中將自己解脫出來（第 9 篇第 4 章）。據此，由精神道德修養形成的性格品質，例如溫、良、恭、儉、讓，則被認為是正常的人際交往得以進行的必要條件（第 1 篇第 10 章）。正是由於對自我完善的特別關注，才使孔子有理由說，發現缺點（「觀過」）是「知仁」的一種方式（第 4 篇第 7 章）。警惕、克服道德和精神上之「疾」（「疢」）的方法，恰恰就是經常不斷的「內省」（第 12 篇第 4 章）。

正是在這個意義上，我認為，《論語》中引起爭議的概念「憂」（憂傷、煩惱、苦悶、焦慮），確實意味著一種不能靠通常那種硬性的檢測手段來檢驗或證實的「主觀狀態」❸。實際上，它是一種對個我親知或內在意識的反思，類似於米切爾·波那里 (Michael Polanyi) 稱為「混然中處」(indwelling) 的東西❹。當然，憂總是與「可能帶有不祥意味的客觀不確定性和不安念頭」❺相聯繫的，但它的內涵遠遠超過一種客觀行為風

---

❸ 布思：《現代教義》，頁 116。

❹ 米切爾·波那里：《個我親知：後批判哲學的傾向》(New York: Harper & Row, 1964)，頁 173、344、378。

❺ 芬伽萊：《孔子——以凡俗為神聖》，頁 46。

度。「仁者不憂」這一描述（第9篇第28章和第14篇第30章），至少在表面上會使人覺得憂是與仁相對立的❹。不過，孔子曾明確指出，「德之不修，學之不講，聞義不能徙，不善不能改」，這些才是夫子憂的一些例子（第7篇第3章）。

注意討論「仁者不憂」的前後文，或許有助於正確理解這個問題。《論語》中基本上表達了同一思想的兩段話，都具有對稱的句法結構：「智者不惑；勇者不懼；仁者不憂。」雖然講勇者不懼，但是孔子卻教導勇者子路「必也臨事而懼，好謀而成」（第7篇第11章）。與此相類似，既然說：「不知為不知，是知也」（第2篇第17章），那麼，能對自己弄不明白的事採取「闕疑」態度的人也就是智者了（第2篇第18章）。循著同樣的思路，孔子之所以能夠說他自己是那樣樂意並渴望傳習學業，以致「樂而忘憂，不知老之將至」（第7篇第19章），恰恰因為他憂的是道，而不是他個人的命運（第15篇第32章）❹。

我們的分析沒有使用純粹心理學性質或純粹社會學性質的語言和形象來描述，但我們完全不必為此而擔心。西方心理學、社會學和哲學的最新發展畢竟表明：把「個人」與「社會」截然對立起來不僅令人難以接受，而且在經驗上也是缺少證據的。

---

❹ 同上，頁43。

❹ 正是在這個意義上，我要就芬伽萊的闡述提出我的不同看法。見《孔子——以凡俗為神聖》，頁45–47。

闡釋的任務

　　至此，應該顯而易見的是，「孔子思想最深刻的意義以及——弔詭地說——它對於我們時代的適用性問題」，尚有待於對《論語》一書進行系統的、拋開成見的研究來加以澄清。芬伽萊說，「高尚的人，即『勿意、勿必、勿固、勿我』的人，追求的不是利，而是道」❹。這當然是很對的。然而，我仍不能不懷疑這些已取得正果的人是否真地變成了一個 「神聖的器皿」❹。我寧可認為，《論語》對真正的人性的闡釋任務，正是從承認「君子不器」（第 2 篇第 12 章）開始的。

---

❹ 同上，頁 79。

❹ 同上，頁 79。

六、孟子思想中的人的觀念：中國美學探討

　　徐復觀先生在他的《中國藝術精神》一書中指出，儒家和道家都確信自我修養是藝術創造活動的基礎❶，這與藝術的根本目的是幫助人們去完善道德和精神的品格的陳俗觀點恰恰相反。它提出了一條解答藝術本身是什麼，而不是解答藝術的功能應當是什麼的思路。在這個意義上，藝術不僅成了需要把握的技巧，而且成了深化的主體性的展現。藝術感動著我們，因為它來自人與天地萬物共有的靈感之源。這種觀點的倡導者確信，真正的主體性的表現取決於自我的徹底轉化。他們試圖以各種方式，如立志、虛情、節情、養其大體等，來實現這種轉化。由於深化的主體性集中在宇宙的「大本」上，從而使各種不同生命形態得以和諧，使人類與自然協調，致使主體與客體的區別得以泯滅。

　　徐復觀先生還指出，中國美學的一個根本觀念，就是它堅持認為，主體與客體、自我與社會、人與自然的二分法都是不真實的，故而是可以互相轉化的❷。真正的主體性敞開了私我

---

❶ 徐復觀：《中國藝術精神》（臺中：東海大學出版社，1966 年），頁 132。

化的自我，從而使自我能與他人進行富有成果的溝通。這種可溝通性所帶來終極快樂，用莊子的話說，使我們得以與造物者同遨遊❸。既然造物者與所造之物之間的鴻溝都可以跨越❹，那麼，當人類創造藝術時，他們便參與「天地之化育」❺。

徐復觀堅持認為，《莊子》在中國哲學和歷史上集中體現了審美主體性在中國的誕生。當然，徐先生也注意到，孔子思想中所確立起來的道德主體性同樣充滿著深刻的美學內容。徐復觀還提到了孔子對音樂的強烈愛好及「六藝」與中國美學發展的關係❻，但是，他卻很少提及孟子。而在這篇文章中，我將考查孟子的修身觀念如何同中國藝術理論相關聯的。

我的考查具有雙重目的：其一，探討先秦儒學，特別是孟子關於人的思想；其二，說明這種探討可能有助於理解中國的

---

❷ 同上，頁 132。

❸ 《莊子》，第 6 章，參見陳榮捷：《中國哲學資料選集》，頁 196–198。

❹ 牟復禮評述道：「局外人感到很難探明的基本點是，在古代的和當代的、原始的和文明的各民族中，唯獨中國人顯然沒有創世的神話，也就是說，他們認為世界和人不是被創造出來的，而是自發自生的宇宙的中心組成部分。在這個宇宙中，不存在外在於它本身的造物主、上帝、終極原因或意志。」即使我們確信他的論述過於偏頗，仍無庸否認，人與上帝之間被意識到的鴻溝畢竟是可以跨越的。參見牟復禮：《中國的思想基礎》，頁 17–18。

❺ 〈中庸〉，第 22 章。

❻ 徐復觀：《中國藝術精神》，頁 1–40、48–49。

美學。我並不準備對孟子學說中關於人的概念作全面分析，也不打算論證孟子──而不是莊子──同中國美學有著特殊的關係。不過，我的確希望說明中國的哲學人類學對於藝術理論的發展提供了許多有關象徵符號的資源。由於我集中探索的灼見來自《孟子》一書，此書對倫理學而言具有中心意義，但其美學含意卻一直被忽略，因此我的直接目的只是要指出某種美學研究的方向或方法。這樣一種取向最終將有可能使人們確信，中國的藝術具有深厚的人文主義基礎。

道

人道的原則，博大充實，是孟子全部思想的基礎❼。在孟子的語言中道作為一個隱喻決非一個靜止的範疇，象徵著某些外在的，客觀的東西。道是一個過程，一種運動，甚至是作為個人、社會和宇宙轉化之生命力的自我的一種動態展開。在孟子看來，「道」與其說是一種需要遵循的準則，毋寧說是一種必須通過不斷努力來實踐的激勵人心的標準。我們不可能單純或簡單地依靠活下去來實現人性，我們只有通過修身，才能夠充分實現人性中所固有的種種對仁慈的可能性。只有如此，我們才能說自己正在逐步變成本真的人。正因為「道」是一種永無止境的過程，故而曾子認為有志之士任重而道遠：「士不可以不

---

❼ 參見杜維明：〈論孟子的道德自我發展概念〉，《一元論者》，1978年 1 月號，總 61 期 (1)，頁 72–81。

弘毅，任重而道遠。仁以為己任，不亦重乎？死而後已，不亦遠乎？」❽

　　倘若我們決心承擔這種長期而艱鉅的學做人的任務，那麼，我們終將成為什麼樣的人呢？對於這種努力，必定會有些人不感興趣。因為，如果他們從未想到自我完善的可能性，他們的生活真地會有什麼嚴重的欠缺嗎？不過，孟子並沒有去推究人類可能墮落成什麼樣的可悲生物。在他所生活的戰國時代，人與人之間橫行無阻的非人道行為很可能說明墮落幾乎已經到頭。孟子敏銳地意識到整個社會都在為爭權奪利而自相殘殺，但他堅持認為，普通的一般人只要直接訴諸他們內心的資源，進行道德和精神修養，仍能成為聖人。他堅信，聖人和我們是同一類人❾。即使我們成了聖人，也不意味著我們上升為另一種不同的存在，我們實質上仍然是人。儘管孟子譴責那些不願選擇自我完善的人是自暴自棄，不可原諒❿，但他同時充分承認，他們仍然有作為人的權利。這說明在聖人與自暴自棄者之間，各種各樣的情況，其範圍的確是寬廣的。

　　孟子思想的一個鮮明特徵，就是確信人通過自我努力有可能達到至善⓫。孟子既不求助於上帝的存在，也沒有訴諸靈魂

---

❽ 《論語》，第 8 篇第 7 章。

❾ 「聖人與我同類者」，「聖人先得我心之所同然耳」（《孟子》，第 6 卷（上）第 7 章）。關於這段譯文，參見劉殿爵譯本《孟子》(Middlesex, England: Penguin Classics, 1970)，頁 164。

❿ 《孟子》，第 4 卷（上）第 10 章。

的不朽，而是認為本然的人心已足以實現自我的完善。這似乎意味著，在人性之中有一種道德的「深層結構」，它無須外力的強制，就可以作為一種自然的生長過程而得到充分發展❷。不過，這種貌似簡易的自我發展之道，並非在追求一種與世隔絕的內在的精神性。相反，它是通過學習，使一個私我化的自我轉變為一個具有能知能愛的自我的整體性過程。除了關於深層結構的思想外，在孟子那裡，我們還可以獲得一種自然生長的形象。因此，我們學做人的過程，不僅包含著人的內在品質的突然湧現，而且也包含著對人性的「萌芽」和「幼苗」的從容培養。例如，當我們突然面對他人遇到災難和不幸，如看到一個小孩失足於井時❸，我們能立即產生一種惻隱之情。然而，除非我們注重對惻隱之心的培養，否則，這種惻隱之心將停留於狹小的範圍，無法超出親朋好友的圈子。一般說來，惻隱之心需要一種異常強烈的外部衝擊把我們從日常的感覺遲鈍中喚醒。而發展這種深層結構，就如同學習一種道德的語言或習得一種禮的形式一樣，需要採取一種平衡穩健的方法（「心勿忘，勿助長也」）❹。這正像五穀只有成熟才能有用一樣，「夫仁，

❶ 對於孟子的這一觀點所作出的一個批判性反應，參見唐納德·J·蒙羅：《古代中國的人的概念》 (Stanford: Stanford University Press, 1969)，頁 72–77。

❷ 即存在於人之善性之中的一種標準公式化的信仰。參見《孟子》，第 6 卷（上）第 6 章。

❸ 《孟子》，第 2 卷（上）第 6 章。

亦在乎熟之而已矣」❶❺。

　　即便是成熟的人也不能終止其學習，因為我們固有品質的發展使我們必須不斷更加精煉，因此，熟練地掌握一種道德語言，或是徹底地習得某種禮的形式便成為一種持久不斷的挑戰。正如我們為了發展生成新的語言模式，或創造人類互動的新方式的能力需要每天練習一樣，我們必須不停地修身，才能同他人發生富有成效的交流。成熟，作為人類學習的成果，包含著進一步發展的真正可能性。在道德發展的過程中，有著許多條道路可循，但在深淺不同的各種境界中它們交聚在一起，給我們提供了各種讓我們景仰的激勵人心的標準，但是，不能把這些標準看作固定的模式，而應看作人性完美的各種見證❶❻。我們可以從孟子的思想中清楚地發現這一點：

　　　　可欲之謂善。

　　　　有諸己之謂信。

　　　　充實之謂美。

　　　　充實而有光輝之謂大。

　　　　大而化之之謂聖。

　　　　聖而不可知之之謂神。❶❼

---

❶❹ 同上，第 2 卷（上）第 2 章。

❶❺ 同上，第 6 卷（上）第 19 章。

❶❻ 杜維明：〈論孟子的道德自我發展概念〉，頁 80–81。

❶❼ 《孟子》，第 7 卷（下）第 25 章。

從「善」到「神」存在著許多微妙的層次。要對它們作出精密的評價，就必須對作為其基礎的動態過程加以考慮，這一點可以通過對先秦儒家思想中人的概念作出更詳細解釋而得到進一步說明。

身

由於儒家所倡導的修身方法是教育孩子順從父母、尊重權威、認同社會規範，故而儒家的修身方法往往被假定為只有社會學意義。這種常識性的觀點不能解釋儒家傳統學說中大量文獻所反覆強調的一點，即把關注人的身體的重要性作為做人的一個必不可少的要素。如曾子在臨終之前，象徵性地要他的弟子「啟予足，啟予手」，說明他對父母所授之身體的敬重❽。借用《論語》使用的形象：人必須視自己的生理軀體為神聖的器皿❾。這不僅是一種出自孝的情感，也是因為自我作為具體的活著的實有是與身體分不開的。由於修身在其字面上已涉及到「身」的修養，所以，在先秦儒學中有著許多與身體相關的論述。確實，如果我們意識不到身體的重要性，就很難理解先秦

---

❽ 《論語》，第 8 篇第 3 章。

❾ 對這一觀點有洞察力的分析，參見赫爾伯特·芬伽萊：〈儒家的一個隱喻——神聖的器皿〉，收入他的《孔子——以凡俗為神聖》一書，頁 71–79。並參見《論語》，第 2 篇第 12 章和第 5 篇第 3 章。

古典儒家思想中的六藝❷的意義。

「藝」，就詞源學而言，意味著種植和耕地的活動❷。這個字似乎源於農業生產，後來才引申為獲得技巧的含義。所以，一個有藝的人就是一個能夠完成不尋常任務的有才之士❷。儒家對文學造詣的強調，也許促成了以美術來界定「藝」字的傾向❷。在古典教育的內容中，六藝往往是與體育活動有著特殊聯繫的科目。它們既是需要操習的動作，又是應從精神上去掌握的科目。學習六藝似乎是有意地不僅使我們的心而且也使我們的身受到文明的洗禮。當然，我們未必會意識到這些科目所包含的哲學依據，但是，認為六藝是以社會規範單方面地來強制約束我們的看法顯然是錯誤的。我們不僅僅是被社會化的存在，而且我們還能夠通過培育我們內在的「萌芽」和「幼苗」而主動地進行自己的去社會化他人的實踐。正是部分地由於這一緣故，孟子堅持認為，「義」並不是我們受訓練的結果，而是

---

❷ 《周禮注疏》（見《十三經注疏》，1815 年版），第 10 章第 24 節和第 14 章第 6 節。

❷ 這是從許慎的《說文解字》中獲得的原始含義，參見諸橋轍次：《大漢和字典》13 卷本（東京，1955–1960 年），卷 9，頁 987。

❷ 《論語》，第 6 篇第 6 章。

❷ 例如，元初學者劉因 (1249–1293) 曾說：「藝」這一概念的含義從孔子時代起就經歷了根本性的轉變。當時，夫子們使用的「藝」這一概念具有著禮、樂、射、數、御、書等實踐的含義；而現在，藝主要包括了詩歌、散文、書法以及繪畫等。參見〈敘學〉，載《靜修先生文集》（1897 年版）。

人類本性的深層結構中所固有的❷❹。

因此，「禮」作為六藝之首，乃是對於形體的嚴格操練。其目的是使我們在日常生活中轉化自己的形體，使之成為自我的一種恰如其分的表現。它包含著諸如灑掃庭除和簡短答對這樣一些簡單活動❷❺，將我們訓練成具有熟練履行習俗功能的社會參與者。我們學習合乎禮的立、坐、行和食，以便我們能夠和諧地同周圍的人一起生活。我們之所以這樣做，並非是為了尋求他人的認可，而是為了遵循激勵我們成為群體組成部分的準則。儘管我們周圍有些人也許只會生硬地使用這種「禮的語言」，但是，由於我們首先要對我們可能或應當成為什麼樣的人負責，所以，這一切並不會阻礙我們去完善屬於我們自己的諸藝。另一方面，如果我們未能達到群體對我們的期望標準，這對於我們來說是個嚴重的問題，因為，我們珍惜群體成員之間的關係，並將這種關係視為我們在道德和精神方面自我修養的必要條件。因此，我們竭力仿效那些值得我們敬慕的人，並且「見不賢而內自省」❷❻。儒家的座右銘──「己所不欲，勿施於人」❷❼──支持利他主義，是把它作為誠以待己的一種推論

---

❷❹ 《孟子》，第 6 卷（上）第 6 章。

❷❺ 對某些日常生活的禮的實踐的生動描述，可參見王夢鷗：《禮記今註今譯》，2 卷本（臺北：商務印書館，1970 年），卷 1，頁 1–39。

❷❻ 《論語》，第 4 篇第 17 章。

❷❼ 《論語》，第 15 篇第 23 章。

看待的。

儒家思想賦予「禮」的啟發功能以極高的評價，以至於它把禮儀化看作是我們學習成為成熟的人的具體過程❷。在儒家的教學中，雖然口頭傳授是很普通的，但實際上，卻更傾向於在充滿非口頭溝通方式的氣氛下傳道授業。身教重於言教，「身教」從其字面上看，就是人通過形體的示範行為來實施教育。在儒家看來，用示範來表明人在特定環境中究竟應當做些什麼，即模範地履行禮的行為，其教育力量要比用文字表述大得多。《論語》中有不少介紹孔子行為的生動事例，例如〈鄉黨〉篇中不僅詳盡地描述孔子如何穿著、如何端坐、如何站立、如何行禮、如何走路以及如何飲食的細節，甚至還特別對孔子在莊重場合的某些極細微的姿態也給予了非常細緻的描述：

> 執圭，鞠躬如也，如不勝。上如揖，下如授。勃如戰色，足蹜蹜，如有循。享禮，有容色。私覿，愉愉如也。❷

---

❷ 以這種觀點來對禮進行解釋，參見杜維明：〈作為人性化過程的禮〉，載《東西方哲學》，1972 年 4 月號，22 期第 2 號，頁 187–201。對禮儀的富有啟發性的分析，參見艾里克·H·艾里克森 (Erik H. Erikson)：《玩具與理性：經驗的儀禮化步驟》 (New York: W. W. Norton & Company, 1977)，頁 67–113。

❷ 《論語》，第 10 篇第 5 章。

　　如果說「禮」規範著我們的形體，那麼，「樂」（六藝之中的第二項內容）則是期望形體達到和諧，從而以井然有序的形式表現出我們與生活的韻律相一致。在儒家的教育思想中，音樂的重要性是再強調也不會過分的。樂與禮同作為象徵文明的方式，也是學習做人的必由之路。既然所有真正的音樂都被視為人心所產生❸，那麼，音樂就能夠塑造身體的活動使之成為內在自我的完美表現。在儒家文獻中，不單是宮廷舞蹈家的表演，而且文人的舉止也都被認為具有優美韻律❸。從沉重的石鐘敲擊到輕柔的鼓瑟，各種樂器所奏出的無數音律把我們的「七情」納入恰當的渠道❸。

　　一個人學習彈瑟或吟詩，是為了與他人溝通，或許更重要的是為了體驗人與自然之間的內在共鳴。我們所聽到的美妙音響，決不是只在我們的感覺中引起瞬逝的印象，而是引起一種經久不衰的德行的意境❸。音樂作為天地之和諧的體現，使我們與太初的秩序協調一致。樂，——和諧完美的樂，而不是鄭國的靡靡之音❸——能夠使人的身體轉化成美的具體表徵。正如《論語》所指出的，聽過韶樂的孔子便沉浸於一種極樂狀態之中，居然整整三個月都不知肉味❸。

---

❸ 參見〈樂記〉，王夢鷗：《禮記今註今譯》，卷 2，頁 489。

❸ 參見〈樂記〉，王夢鷗：《禮記今註今譯》，卷 2，頁 827。

❸ 參見徐復觀：《中國藝術精神》，頁 1–8。

❸ 同上，頁 12–33。

❸ 《論語》，第 15 篇第 10 章。

　　雖然「射」和「御」的藝術難以有類似的宇宙的意蘊，然而其中的生理的鍛鍊活動卻包含著深遠的意義。例如，一位標準的箭手不僅是箭術高超的神射手，同時也是一位君子。他精通「射」的所有技藝，特別是當他未能射中目標時，他總是「反求諸其身」 ❸。如果《孟子》一書所曾提到的王良的故事具有某種暗示的話，那即是說，在御的技藝中也包含著複雜的自我控制的禮 ❸。「御」這門必修科目不僅要求增強人的體力，而且也要求養成適當的行為方式的意識。由此類推，由於需要有一定聰慧的心靈才能自如地使用毛筆和算盤，所以，我們也可將書和數設想為修身的手段 ❸。

　　由此可見，「六藝」乃是修身的方式。六藝使身從一種原始的狀態轉化成群體關係的富有成果的中心，正像粗樸的舜在同善言善行接觸之前 ❸，只具有成為人的可能性的「萌芽」和「幼苗」。作為一個中心，一個人無論何時何地，都不會失去他應有

---

❸ 同上，第 7 篇第 13 章、第 3 篇第 25 章。

❸ 〈中庸〉，第 14 章。

❸ 《孟子》，第 3 卷（下）第 1 章。

❸ 當然，並沒有充分的史料來佐證算盤或類似計算器的物件在當時已開始使用。不過，這裡提到此種在時代上明顯地不大符合的看法，是為表明算術在當時很可能不僅僅被看作是一種智力活動，而且還被認為是需要掌握的一門技藝。確實，儘管「算術」這一專門術語是一個後來產生的詞彙，但它卻很好地表達出儒家所說的「算術」的意義，它可能包含了手指訓練的技藝在內。

❸ 《孟子》，第 4 卷（下）第 1 章、第 7 卷（上）第 15 章。

的位置：「君子無入而不自得。」❹同時，他對周圍的人際網絡仍保持高度敏感。通過對話交往，他加深了對自我的認識，並且豐富了與他交流的人的生活：「夫仁者，己欲立而立人，己欲達而達人。」❹對於這樣的人來說，「六藝」不僅是取得的一些技巧，而且是取得自己「立」與「達」的手段。在孟子的思想中，通過禮、樂、射、御、書、數來轉化自己形體的人，同時也為自己（並在自己內心）創造出真和美。孟子作為一位人本思想的倡導者，他足以稱得上是善、真、美的楷模。

但是，修身的內容比形體的轉化要豐富得多。確實，孟子曾明確地說過：「形色，天性也；惟聖人然後可以踐形。」❹但這裡所說的「形」是象徵整個自我。「身」往往是一個含意有限的比喻說法，在這個說法中自我具有的更加微妙精細的內容往往被有意地淡化了。弔詭的是，聖人之所以能夠充分實現他的形體，正是因為他已經轉化並超越了他的形體。自我轉化和自我超越的可能性問題將我們引入對心的分析。

心

倘若說身是表達一種空間概念，占據某一特定位置，那麼，心的一個明顯特徵就是到處遊蕩；「出入無時，莫知其鄉。」❹

---

❹ 《論語》，第 9 篇第 13 章；〈中庸〉，第 14 章。

❹ 同上，第 6 篇第 30 章。

❹ 《孟子》，第 7 卷（上）第 38 章。

由於身是可見的，我們就能夠確立描述它的行為標準。在某種意義上，示範教育便是摹仿模式。學生通過摹仿老師的手、足和身體去學習恰當的禮、正確的樂、好的書法。局外人觀察儒家的學生學習六藝也許會很容易地認為：學生正在做某種純粹模仿舞。不過，儒家大師所關注的不僅在於體態的正確，而且還在於對形態背後的精神態度。為師者能夠敏銳地覺察出一個機械的仿效者和一個能動的參與者之間的區別，儘管兩個人都同樣準確地照著老師的指示去做。對於機械的仿效者來說，他總是缺少些什麼東西。我們或許可以說他是心不在焉。為師者怎樣才能知道他們的外表相同而實質不同呢？如果學生準確地知道禮的動作該怎樣模仿，並且做得又是那樣的嫺熟，那麼，我們怎麼能夠斷定他的心不是每時每刻都放在上面呢？然而，為師者卻能以他的洞察力，從這裡或那裡的某些徵兆看出這個學生仍沒有足夠集中精力完滿地執行禮的要求。這似乎意味著：外形本身不足以成為判斷某個仿效者的真與美的根據。儒學大師不僅將注意力集中在結果上，而且也關注達成這一結果的全過程。他主要關心的是那學生作為一個完整的人在轉化過程中的全面發展❹。

在道德教育中，知在行中表現自己，而且也通過行使知成為真知。很難設想一個人既然立志希望自己文雅、知禮、謙卑、

---

❹ 同上，第 6 卷（上）第 8 章。

❹ 有關這一問題的研究，參見赫爾伯特·芬伽萊：《轉化中的自我》(New York: Harper & Row, 1965)，頁 244–293。

尊敬他人，卻又沒有內在的力量去實現這些德行。在這裡，孟子對「不能」和「不為」的區分具有特殊意義。一個人不能單獨地移動一座大山是可以諒解的，但人們卻不能說一個人沒有能力表現出對一個長者的尊重❺。既然在意向問題上不能僅僅依靠行為準則，孔夫子就不會簡單地滿足於為學生做出正確的形式示範。老師總是希望能使學生創造出自己的風格和自己的理解。一個真正精進的學生就應該像顏回那樣，他曾以一種帶有神祕性的措詞來表達對孔子教誨的理解：

> 仰之彌高，鑽之彌堅，瞻之在前，忽焉在後。夫子循循然善誘人，博我以文，約我以禮，欲罷不能，既竭吾才，如有所立卓爾，雖欲從之，末由也已。❻

正如「言」永遠不能完全表達「意」所深含的韻味一樣，形體也不可能完全表達人心的內在情感。

不管身體如何地禮儀化，韻律化，健壯而靈巧，它都不能完全涵蓋人心活動的情況，然而，身體畢竟是人心合適的住所。孟子強調指出，「學問之道無他，求其放心而已矣。」❼正是在這樣的意義上，六藝的目的就在於努力「存心」。這即是說，六藝不僅訓練人的形體，而且也陶冶人的心靈。人的身體需要經

---

❺ 《孟子》，第 1 卷（上）第 7 章。

❻ 《論語》，第 9 篇第 11 章。

❼ 《孟子》，第 6 卷（上）第 11 章。

歷一個長期漸進的過程才能獲得某種適當的形式，但人心的轉化卻似乎很迅速，因為「心」是無定形的，「故曰：求則得之，舍則失之」❹❽。不過，認為只要下一次決心就足以「存心」是錯誤的。孟子確實曾反覆籲請君主以「不忍人之心」去建立「仁政」，彷彿我們可以借助於自然地「推（廣）」君王的不忍人之心就足以解決暴政的問題❹❾。但是，我們決不能將指出人類群體所有成員，甚至包括麻木不仁的君王，具有相同的基本情感這種策略性的意圖，與孟子的心的哲學相混淆。

正如宋國農民揠苗助長的寓言所指出，人心的修養是一件精細的事情。倘若我們過分地以人為力量去加速植物生長，植物便會很快枯萎。同樣的道理，人心的完善也有其自然的過程。在每天的存心工夫中應做到既「勿忘」又「勿助」❺⓿。而「求則得之」則應理解為在無法預料的人生激流中調整方向和維繫平衡的掌舵藝術。

儘管心是變幻莫測的，但孟子認為，心的結構通過直接經驗是能夠認識的。他講了一個故事，大意是一個技藝高超的棋手無法指導一位心不在焉的學生，這說明，僅僅具有人的「萌芽」和「幼苗」，並不能夠保證我們就能知心和存心❺❶。「雖有天下易生之物也，一日曝之，十日寒之，未能有生者也」。這就

---

❹❽ 同上，第6卷（上）第6章。

❹❾ 同上，第1卷（上）第7章。

❺⓿ 《孟子》，第2卷（上）第2章。

❺❶ 同上，第6卷（上）第9章。

意味著，沒有持久細緻的培養，已經長出的幾根「新芽」也不可能有什麼作為❷。換一個比喻來說，即將乾涸的泉流不可能使小池溢滿水。與此情況不同，在洪水季節，水卻可有非常強大的力量。這既是質量但也是數量的問題。因此，孟子提出了一個有關人心結構的獨到見解：如果得到培養，心事實上就能夠得到無限發展。這就是為什麼在孟子看來，心為「大體」，身體只是「小體」❸。因此，所謂知心和存心便是牢牢抓住一個能動的和不斷拓展的結構。與人的形體成熟不一樣，人心的成長是無限的。在自暴自棄者與聖人之間，人性表現或多或少的幅度，其差別是非常廣闊的。這說明，不是在人的身方面，而是在心方面會出現真正的差異。這正如我們吃飯為的是滋養整個身體而不僅僅是餵飽肚子這一小塊，孟子認為，修身就是讓「大體」，而不只是「小體」得到發展❹。

孟子以為，「寡欲」是養心的最好方法❺。當然，他所提倡的並不是一種禁欲主義，而是指一種先後輕重的道理。孟子完全承認諸如食、性這類本能欲望的重要性。不過，他堅持認為，人要充分實現自身需要有一種整體的理念，其他同樣迫切的傾向——仁、義、禮、智等也應該得到滿足。儘管就「生而有之」而言，我們與其他動物所共有的本能欲望決定了我們是什麼，

---

❷ 同上。

❸ 同上，第 6 卷（上）第 14、15 章。

❹ 《孟子》，第 6 卷（上）第 14 章。

❺ 同上，第 7 卷（下）第 35 章。

但我們本性中所固有的道德傾向則使我們成為獨特的人❺❻。由此可以引出兩個相互聯繫的思想：⑴作為人的獨特性在於它是一個道德和精神的問題，而這一問題如果化約為生物學和社會學上的考慮是不可能得到恰當回答的；⑵自我完善或養心的過程，絕對不是去尋求一種純粹的道德性和精神性，它必須包括人類生活的生物的和社會的種種現實。這樣，倘若只是一味地滿足本能欲望，我們就永遠不能實現人心的潛在力量。但是，如果我們養其「大體」，我們的小體也將得到充分發展：

> 君子所性，仁義禮智根於心，其生色也睟然，見於面，盎於背，施於四體，四體不言而喻。❺❼

聖人，以「仁」為安宅，而行「義」之正路❺❽。孟子認為，我們可以通過對我心所固有的人類基本情感的「四端」進行將心比心的反思，來理解聖人的偉大，這四端就是：惻隱之心，羞惡之心，辭讓之心和是非之心。這些情感所萌發的力量為我們提供了一種智的直覺，使我們可以洞悉聖賢以及我們自己心中的真與美❺❾。由此可見，我們必須將身的語言上升為心的語言，用以解釋道德典範在人類群體中的教育功能：「夫君子所過

---

❺❻ 同上，第 6 卷（上）第 3 章。

❺❼ 同上，第 7 卷（上）第 21 章。

❺❽ 同上，第 6 卷（上）第 11 章。

❺❾ 《孟子》，第 6 卷（上）第 6 章。

者化，所存者神，上下與天地同流。」❻⓪

　　這種「上下與天地同流」的思想開闢了一個新的領域，給心增添了超越的視角。很顯然，孟子所討論的心既是一種認知的能力，也是一種情感的能力；它既象徵著意識的功能，又象徵著良心的功能。它不僅對現實進行反思，而且在理解現實的過程中，塑造和創造了這些現實對整個人類群體所具有的意義。所以說，實現其「大體」的人稱得上「充實而有光輝之謂大」。但是，孟子同時堅持認為「大人者，不失其赤子之心者也」❻①，因為，「大體」歸根結蒂，乃人類的本性。大人一方面像神靈一般 「上下與天地同流」，但同時他所彰顯的只不過是真正的人性，這種雙重含義的論斷使一些漢學家把它稱之為孟子思想中的神祕主義。

神

　　我們也許還記得，孟子說過，「大而化之之謂聖，聖而不可知之之謂神」。因此，「聖」與「神」如同善、信、美一樣都象徵著人的完美。它們都是我們在實現自身時所應不斷身體力行的激勵人心的鵠的。在孟子看來，它們不是作為判斷人的價值的客觀尺度，而是人能夠達到，或者說應該努力達到的審美評價的範型。既然聖人與我同類，那我們就應當稱讚顏回的勇氣：

❻⓪ 同上，第 7 卷（上）第 13 章。
❻① 同上，第 4 卷（下）第 12 章。

「舜，何人也？予，何人也？有為者亦若是。」❷確實，並非只有偉大人物才具有光芒四射的充足的資質，因為我們也具有同樣的內在源泉：

> 萬物皆備於我。反身而誠，樂莫大焉。強恕而行，求仁莫近焉。❸

與其說是一種天真的道德樂觀主義，毋寧說是對於人的生存狀況的深刻洞察，促使孟子如此表述他的哲學人類學的見解。在他看來，人「生於憂患而死於安樂」❹。我們只有在犯了錯誤之後才學會改正錯誤：「人恆過，然後能改，困於心，衡於慮，而後作；徵於色，發於聲，而後喻。」❺我們努力去學會認識自己，學會與他人共同相處，並且為了實現仁而承擔責任。孟子對許多古代聖賢在成為精神楷模之前所經受的嚴峻考驗是這樣表述的：

> 故天將降大任於是人也，必先苦其心志，勞其筋骨，餓其體膚，空乏其身，行拂亂其所為，所以動心忍性，曾益其所不能。❻

---

❷ 《孟子》，第 3 卷（上）第 1 章。

❸ 同上，第 7 卷（上）第 4 章。

❹ 同上，第 6 卷（下）第 15 章。

❺ 同上，第 6 卷（下）第 15 章。

除了天命之外，孟子還充分地肯定了社會環境和心理環境在人成長過程中所起的重要作用。然而，孟子對道德和精神的自我發展之可能性的確信，使他對這件事採取樂觀態度：

> 盡其心者，知其性也；知其性，則知天矣。存其心，養其性，所以事天也。夭壽不二，修身以俟之，所以立命也。❻❼

這即是說，君子為了能使自己從內心見「道」，便將自己全部沉浸於對道的追求之中。「自得之，則居之安；居之安，則資之深；資之深，則取之左右逢其原，故君子欲其自得之也」❻❽。過去沒有足夠的水去注滿一個小水池的泉源，而今卻是水量充足，「原泉混混，不舍晝夜，盈科而後進，放乎四海」❻❾。

孟子繼續用水來類比，他認為，修身的目的就是培養人的「浩然之氣」。一旦到達這個水平，培養浩然之氣的目的就不僅僅在於發展形體或正確的心態，其目的在於滋養人的內在資源、增強意志的力量，逐步提高人的精神能量。對「氣」這個字，現代人有不同的翻譯，如「物質的力量」（陳榮捷語），「物質／能量」（H. H. 杜布斯語），「有生命力的精神」（牟復禮語）。實

---

❻❻ 《孟子》，第 6 卷（下）第 15 章。

❻❼ 同上，第 7 卷（上）第 1 章。

❻❽ 同上，第 4 卷（下）第 14 章。

❻❾ 同上，第 4 卷（下）第 18 章。

際上，它指的是一種與呼吸和血液循環相聯繫的心理－生理的力量。但在孟子的論述中，氣被界定為一種通過道德和精神的自我修養而產生的「至大至剛」的活動力 ❼⓿。

　　孟子關於浩然之氣的論述，是為了回答公孫丑關於怎樣才能達到「不動心」狀態的提問而引發的。孟子開宗明義地指出：「夫志，氣之帥也；氣，體之充也」。對這句話的一般理解是，氣直接服從於意志，因此，「持其志，無暴其氣」便是很重要的。不過，也可以想像當氣受阻時，它也影響志。甚至儘管氣隨志之所至，養氣對於完善人心仍然是不可少的。那麼，這種浩然之氣究竟是什麼呢？

> 難言也。其為氣也，至大至剛，以直養而無害，則塞於天地之間。其為氣也，配義與道；無是，餒也。是集義所生者，非義襲而取之也。行有不慊於心，則餒也……必有事焉而勿正，心勿忘，勿助長也。 ❼❶

　　正如我們所見，就在這簡短的表述中，孟子認定，在人的身、心的結構中，存在著將自我發展為與天地合一的潛能和巨大的可能性。如此理解的人性不是一種無法實現的理想，而是一種進行道德和精神轉化的無窮無盡的動力。用〈中庸〉提供

---

❼⓿ 參見陳榮捷：《中國哲學資料選集》，頁 784；牟復禮：《中國的文化基礎》，頁 60。

❼❶ 《孟子》，第 2 卷（上）第 2 章。

的形象：人既「可以贊天地之化育，則可以與天地參矣」**72**。

上述這種自我完善的取向有沒有為中國藝術確立一個深厚的人文主義的基礎呢？由於無論是孟子還是莊子，他們的主要興趣都不在美學上，因而，我們必須借助於詮釋的重建去發現隱含在他們的豐富思想中的藝術理論。徐復觀先生對《莊子》通過對文本語境的重建成功地發現，《莊子》一書中確實具有豐富的美學見解，徐先生的這一成功努力，激發我去發見存在於諸如《孟子》這樣的著作裡有關人的自我形象的表述之中的真和美。這一努力最終也許會拓寬美學研究的視野，不過，我的目的並不在於探究與道家美學所不同的，或是作為道家美學之補充的儒家美學存在的可能性。確切地說，我的目的是想盡量開發這兩種傳統學說所共有的象徵符號資源。把徐先生的分析推進一步，我認為，把修身作為一種思維模式，比起人們試圖系統地將傳統分疏為道家和儒家來說，也許出現得更早些。作為中國先秦思想史上最有意義的事件之一，就是孟子創造性地總結了前人的某些灼見，並發展成為他的關於人的完整思想。

我們可以很容易地看到，採用孟子對人道的定義會如何影響美學概念的。由於將身體和「滲透於人的形體中的感知能力」**73**作為理解美的觀念的基本參照點，因而，把美的規範客觀化為靜態範疇的任何企圖都無法占居主流。美，就像人不斷

---

72 〈中庸〉，第 22 章。

73 H. 史密斯：《被遺忘的真理：原始的傳統》(New York: Harper & Row, 1976)，頁 63。

成長中出現的善與真的品質一樣,是作為一種激勵人心的鵠的而存在的。「充實之謂美」,當美塑造著我們的充實感時,不是作為一種固定的原則,而是作為正在體驗著生命的自我和所感知的對象之間的互動作用從而陶冶人的情趣。我們在事物中看到了美。可是在描述美的過程中,我們的注意力從外在形體轉向內在的生命力,最後達到無所不包的精神境界。我們欣賞的對象可能是一棵樹、一條河流、一座大山或一塊石頭,但是,我們感受到它們的美,使我們覺得它們並不是毫無生氣的對象,而是一次和我們的活生生的相遇,或者說一種「神會」。這不僅僅是一種擬人化的表述,因為,如果把這種相遇看作是把人的品格強加於外在世界,顯然就限制並歪曲了作為審美體驗之基礎的對話關係。《孟子》關於人的思想並不是一種人類中心論,它不贊同普羅塔哥拉所謂人是萬物之尺度的原理。相反,就其最終極的意義而言,它旨在表明人的自我實現取決於人與自然的互相呼應。正如徐復觀先生所指出的,儒家思想的一個基本假定是:欲「成己」必需「成物」,而非「宰物」 ❼。

也許正是這個原因,聽覺的感知在先秦儒學中占重要地位。正如我在另外一個場合所指出的那樣,如果我們將眼光盯著外部世界 ❼,那麼,儒家之道是不可得見的;如果僅僅依靠視覺形象化這種對象化活動,是不能把握宇宙大化的微妙表現的。

---

❼ 徐復觀:《中國藝術精神》,頁 132–133。

❼ 杜維明:〈儒家的成人觀〉,*Daedalus*,105: 2(1976 年 4 月),頁 110。

誠然，像舜這樣的聖王，能夠通過對自然之微妙徵兆的探索來洞察宇宙活動的初幾❼❻。但是，我們卻是通過聽的藝術才學會參與天地萬物之節律的。「耳德」或「聽德」❼❼，使我們能夠以不是咄咄逼人的，而是欣賞的、相互讚許的方式去領悟自然的過程。這就是說，我們通過對聽進行精神及生理的訓練，將自己開放給我們置身於其中的世界；通過拓展和深化我們的非判斷性的接受能力，而不是將我們有限的視野投射到事物秩序上，我們才能成為宇宙的共同創造者。

從上面的論述可以看出，孟子選擇音樂作為隱喻來討論孔子之聖，似乎是有意用聽覺形象去表現孔夫子的生命形態：

> 伯夷，聖之清者也；伊尹，聖之任者也；柳下惠，聖之和者也；孔子，聖之時者也。孔子之謂集大成。集大成也者，金聲而玉振之也。金聲也者，始條理也；玉振之也者，終條理也……。❼❽

---

❼❻ 《孟子》，第 4 卷（下）第 19 章。

❼❼ 應當指出，這樣兩個術語並未出現在《孟子》一書中。它們是從新近被發現的馬王堆漢墓中出土的、被稱之為「失傳的儒家經典」中發現的。當然，一項不久前的研究成果表明，「失傳的儒家經典」對有關孟子的傳統看法也許具有非常重要的意義。參見杜維明：〈「黃老思想」：馬王堆漢墓的黃老帛書讀後〉，載《亞洲研究雜誌》，1979 年 11 月，第 34 輯第 1 號，頁 96。

❼❽ 《孟子》，第 5 卷（下）第 1 章。

　　「金聲」與「玉振」，是表現開始和終止一套禮儀表演的合適音樂。按照表演的最高標準，既要求有完成全程之「力」，又要求有中節之「巧」。同時具備兩者才能給予整個表演以一種「條理」。因此，孟子進一步指出：

> 始條理者，智之事也；終條理者，聖之事也。智，譬則巧也；聖，譬則力也。由射於百步之外也，其至，爾力也；其中，非爾力也。 ⑲

　　回到前面的比喻，「孔子，聖之時者」，這個「時」超過了「清」，「任」，「和」，恰恰是因為「時」象徵一種偉大的協奏曲，是「集大成者」。如果說一個恰當彈奏出的音符都可以啟迪心靈，——「故聞伯夷之風者，頑夫廉，懦夫有立志」，或「聞柳下惠之風者，鄙夫寬，薄夫敦」 ⑳ ——那麼一首偉大的協奏曲又將會給予我們多大的啟迪呢？

　　持這種觀點的人們會強調內心的共鳴，從而把類比的思維和抒情模式看作是美學溝通的最高形式。他們有意識地貶低辯證的藝術，而在理解中尋求美。這就是說，兩顆共鳴的心靈發出的微笑，或是兩個彼此響應的精神氣質的相遇，對呆滯的眼睛或遲鈍的耳朵是無法說清楚的。美的語言不僅僅是純粹的描述，美的語言是暗示、指引、啟迪。並不是語言本身是美的，

---

⑲ 同上。

⑳ 《孟子》，第 5 卷（下）第 1 章。

文字僅僅是傳遞和表達「意」的（「辭，達而已矣」）❸，故而
不必故作雄辯或精雕細琢，但是，語言所指涉的語言外的東
西——內在的體會、心靈的歡樂或轉化的精神——無論在美的
創造或欣賞中，都是美的真正基礎。

---

❸ 《論語》，第 15 篇第 40 章。

七、自我與他者：儒家思想中的父子關係

　　在這篇文章中，我們將探討儒家傳統的自我觀念。這個傳統作為一種思維方式和生活方式，至今仍為東亞社會的人們提供修養標準。我完全意識到，應當將這一探討置於複雜的歷史背景和同樣複雜的現代思想論說中來進行。我也知道，由於儒家學說已經歷了 2000 餘年的變遷，我們將無法就儒家對一些永恆的問題（例如自我觀念）的看法作出籠統的概括。儘管我們在表述儒家獨特的自我觀念時會遇到一些煩難，但我仍將試圖證明，儒家特有的自我觀念必然要求他人的參與，而且自我和他人的這種共生之所以是有益而必需的，其原因就在於，儒家的自我是一個精神發展的動態過程。

　　我曾有另文將儒家在倫理宗教意義上對成聖的追求，界定為「作為一種群體行為的自我的終極轉換」❶。這個界說包含著兩個相互關聯的假設：⑴作為人際關係之中心的自我；⑵作為精神發展之動態過程的自我。由於前者已經由文化人類學家、社會心理學家以及政治學家，對諸如古代和當代中國的家庭、

---

❶ 杜維明：〈作為群體行為的終極自我轉化〉，《中國哲學雜誌》，1979 年第 6 期，頁 237–246。

社會化以及權威模式等課題都作了比較充分的研究❷，因此，在這裡我們將集中考查儒家思想中作為發展過程的自我觀念。

為了使儒家的一套設想和各種各樣心理學技術（如超驗打坐、整體性癒治、再生過程、動態生活等在整個北美普遍流行的技術，這些技術也宣稱是以自我發展為基本假設的）區別開來，我們有必要指出，儒家的自我作為一種發展過程是對永無止境的學習過程作出畢生承諾。不僅如此，儒家所謂的學習，不僅是指書本的學習，而且還包括禮的實踐。在儒家看來，通過身心的修煉，人將領悟到生命的意義；並且，在這種修煉中，人不是作為孤立的個體，而是作為活生生的群體——家庭、鄉里、國家和世界——的積極參與者而出現的。「儀禮化」這概念，它意味著以孝、悌、友、師、忠的精神進行自我修養的動態過程，確切地抓住了上述儒家的基本意旨❸。

---

❷ 這些方面的代表著作，參見艾米里・M・阿爾恩：《中國人的禮儀和政治》(Cambridge: Cambridge University Press, 1981)；許烺光：《美國人和中國人：在世界文明中的作用和成就》(Garden City, N. Y.: Doubleday Natural History Press, 1970)；許烺光：《在祖先的陰影之下：中國的親屬關係、人格和社會流動性》(Stanford: Stanford University Press, 1971)；盧西恩・W・派伊：《中國政治精神：政治發展中的權威危機的心理文化研究》(Cambridge, Mass.: MIT Press, 1968)；阿瑟・沃爾夫：《中國社會中的宗教》(Stanford: Stanford University Press, 1974)；A. P. 沃爾夫等人編：《中國社會中的學生》(Stanford: Stanford University Press, 1978)。

　　儒家「儀禮化」思想的鮮明特點，就是在個人的修身中不斷深化和拓展他人存在的意識；作為人際關係中心的自我之所以是一個開放系統，這或許是唯一的最重要的原因。儒家認為，只有通過自我對他人的不斷開放，自我才能保持健康的人格認同。一個對其周圍的人沒有感覺和反應的人往往是以自我為中心的；自我中心很容易導致自我的封閉，從而使自我陷入——用宋明理學的話說——麻木不仁的狀態❹。因此，如同人的生命離不開空氣和水一樣，以開放精神與他人相交往不僅合乎社會的需要，而且對自我的健康發展也是非常有益的。《論語》曰：「己欲立而立人，己欲達而達人」❺，這是告誡我們，幫助他人「立」和「達」是自己「立」和「達」引申出的一個原則。嚴格地說來，在自我修養中把他人捲進來，這不僅是利他主義的，而且是自我發展所必需的。

　　人們通常認為，儒家思想由於強調社會關係的重要性而削弱了個體獨立自主的基礎。持這種觀點的人認為，如果從儒家的自我抽去人際關係，那麼，它本身就沒有多少屬於自己的有意義的內容。既然儒家文獻中的自我一般都是從二分體的關係（指諸如父子、夫妻、兄弟、師生等等成雙關係）上來理解的，

❸ 杜維明：〈作為人性化過程的禮〉，《東西方哲學》，1972 年 4 月號，頁 187–201。「儀禮化」在精神分析學中的意義，參見艾里克・H・艾里克森：《玩具與理性：經驗的儀禮化步驟》。

❹ 陳榮捷：《中國哲學資料選集》，頁 530。

❺ 《論語》，第 6 篇第 30 章。

因此，一個具有兒子、兄弟、丈夫及父親等多重身分的男人的自我意識必然會壓倒他作為獨立自主的個人意識。如果我們沿著這一思路走下去，就會發現儒家所說的男子主要是被視為一個社會人，他的基本使命是學習一套如何適應世界的科學和技巧❻。如果認為這就是他人的存在對於儒家的修身具有重要意義的理由，那麼，儒家倫理便很難同這樣一個通常看法區別開來，即人不可避免地被束縛於群體之中。

毋庸置疑，儒家傳統無論是在其形成的年代還是在其日後的發展中，都把社會性放在十分重要的地位。儒家思想的一個顯著特點，就是十分關心社會倫理。但是，在強調儒家思想的這一特殊層面的意義時，不應得出社會倫理在儒家的思維模式中是涵蓋一切的結論。事實上，如果我們全面理解儒家的思想，就會發現社會層面一方面植根於可稱之為儒家深層的心理學中，另一方面，它也必須擴展到儒家的宗教性領域，才能充分顯現出它的全部意義。換言之，倘若我們決定採用近代世俗大學中各種學科的術語去表達儒家所謂做人的思想特徵的話，那麼，認識到下面一點是至關重要的，即僅以「適應社會」這類概念實在很難對它的內容予以全面說明。因此還必須引入諸如人格整合、自我實現、終極關懷等概念才能解決問題。本文原意探求如何詮釋儒家學說的藝術和方法。這裡只想指出，儒家對社會性的強調蘊涵著內容豐富的多義性。如果我們不過早地

---

❻ 馬克斯·韋伯：《中國的宗教：儒教和道教》，漢斯·H·格思英譯本 (Glencoe, Ill.: Free Press, 1951)，頁 235。

把未清理的線頭繩尾結扎起來，匆匆作出結論，我們就會發現，儒家的社會性包含著深刻的心理的和宗教的內容❼。

現在讓我們回到前面的問題上來：在儒家修身構想中他人的意義究竟是什麼？既然僅僅地指出儒家對倫理的態度是社會學的已不再令人滿意，我們就必須另闢蹊徑。首先，讓我們詳盡考察一下修身中的父子關係。傳統的觀點認為，既然「孝」是儒家的基本價值之一，父子關係的顯著特徵就是兒子對於父親權威的絕對服從。根據這種觀點，兒子為了修身，就必須學會抑制自己的欲望，揣測父親的願望，將父親的訓誡當作神聖不可違抗的法令。因此，兒子對於父親的服從便是他全力使他的「超自我」內在化，直到他的良心自動使他完全按父親的願望行事為止。於是，兒子對父親的潛在進攻意識——更不用說對父親的憎恨——在行為、信念及態度上，都被完全壓抑住了。因此，可以理解，儒家的兒子，由於被父親的權威所懾服，往往呈現出懦弱、順從、依附和優柔寡斷的形象。

然而，即便我們承認這種對父子關係的片面解釋，兒子的屈從也勢必引發他的種種內在資源，展開極為複雜的過程，在這過程中他不僅需要適應外界取得和諧，而且還要進行內在心靈的調整。例如，構成整個過程之基礎的，是兒子的自願參與，他由於受到經由群體支持和政治當局認可的長期不斷的教育，已經被社會化了。借用弗洛伊德的說法，我們可以想像，要想

---

❼ H. 史密斯：〈傳統中國中的超越〉，《宗教研究》，1967 年第 2 期，頁 185–196。

轉化，或者確切地說，淨化兒子的戀母情結該需要多麼複雜的心理機制。人們的通常印象是，浸透了儒家思想的中國社會，可以把父親的絕對權威強加給一代又一代恭敬順從的兒子。這種印象是以一個錯誤假設為前提的，這就是，既然兒子幾乎沒有選擇的餘地，因此，在孝這件事上兒子就沒有表現其自身意願的任何可能。然而，人們有理由懷疑這種控制，即使在其最有效的階段，是否能夠在得到實現的同時不至於把所謂的孝子通通變為偽君子和精神變態者。如果一個社會要求其中的很大一部分人口只是服從老人政治的教條統治，卻又不訴諸任何超越性的權威，這個社會難道還能存在下去，且不說提供個人成長的健康環境了？

進一步說，兒子對父親的恭順並不限於此世。例如在《論語》中，兒子如果是孝子則在父親死後三年仍然會自覺遵從父親的意志，即所謂「三年無改於父之道」❽。但是這一切只是終其一生不斷重複履行的紀念禮儀的開始，在這種禮儀中通過想像的藝術，父親的存在會在他的終生變得栩栩如生。《禮記》詳細描述了孝子舉哀時的心理狀態：

> 致齋於內，散齋於外。齋之時，思其居處，思其笑語，思其志意，思其所樂，思其所嗜。齋三日乃見其所謂齋者。祭之日，僾然必有見乎其位；周還出戶，肅然

---

❽ 《論語》，第 1 篇第 11 章。

必有聞乎其容聲；出戶而聽，愾然必有聞乎其嘆息之
聲……❾

這正如馮友蘭所引，「『以其恍惚，以與神明交』，而冀其『庶或
饗之』，無非以使『志意思慕之情』得慰安而已」❿。

　由此可見，兒子對於父親的承諾乃是一種終身而且還是全
面的承諾。既然父親或至少父親的形象永遠存在，那麼，兒子
使用什麼樣的方法才能所謂象徵性地「殺死」父親，使他可以
最終宣告自己的獨立呢？一般情況下人們會認為，當兒子開始
從生活上照顧年邁的父親時，他就會因自己成了一個給予者和
施捨者從而得到心理補償與自慰。可是，贍養父親的能力，在
《禮記》中是孝道三個層次中的最低層次，其他的兩層次分別
是：尊崇父親和不給父親帶來恥辱（「大孝尊親，其次弗
辱」）⓫。總之，兒子不僅應當學會服從和尊敬父親本人，而且
父親的所謂「自我理想」也必須由他去實現。正是在這個意義
上，馮友蘭解釋說：

　　孝之在精神方面者，在吾人之親存時，須順其志意，

---

❾ 馮友蘭：《中國哲學史》（商務印書館舊版，中華書局 1947 年重
　印），上冊，頁 425。

❿ 同上，頁 426。

⓫ 馮友蘭：《中國哲學史》（商務印書館舊版，中華書局 1947 年重
　印），上冊，頁 435。

不獨養其口體，且養其志。(《孟子‧離婁上》) 有過並規勸之，使歸於正。在吾人之親歿後，一方面為致祭祀而思之，使吾人之親，在吾人之思慕記憶中得不朽。 ⓬

對孝的這種具有規範性的看法似乎與著名的儒家下述格言相悖：天下無不是的父母。在順從的兒子眼裡，如果這一格言所表達的意思僅僅是父親不可能犯錯誤的話，那麼，它顯然就同「規勸之」及「使歸於正」的思想相矛盾。但是，既然儒家確認凡人都會犯錯誤，——這是儒家相信人是可以完善的必然推論 ⓭，所以，儒家當然可以接受父親有時確實也會犯錯誤這一事實。因此，「有過之父母」應當理解為不合格的父母，即他們不符合我們對做父母者的期望。儒家肯定承認有不合格的父母。日常的觀察和法律的裁決都證實，傳統中國確實具有相當數量的由不合格父母導致的人間悲劇。儒家對於存在著不合格父母的明顯事實也決不是視而不見。然而，問題在於如果一個人的父親缺乏為父的品質，不像個父親，他該怎麼辦？譴責不合格的父親並不困難，但我在什麼時候能說並且怎麼能說我自己的父親對我來說是不合格的呢？如果說，不管是否合格，我

⓬ 同上，頁 434。

⓭ 唐納德‧蒙羅 (Donald J. Munro)：《古代中國的人的概念》(Stanford: Stanford University Press, 1969)，頁 49–83；也參見他的《當代中國的人的概念》(Ann Arbor: University of Michigan Press, 1977)，頁 15–25。

的父親總歸是我的父親，那麼，我對於這樣一種價值觀念予以認同到底又意味著什麼呢？

儒家對於這個問題的看法值得我們注意，因為如果把「現實原則」應用於父子關係，則不僅提出了「超自我」的問題，而且還發人深省地提出了自我理想的問題。尤其值得注意的是，儒家所提出的基本假設，即社會中的二分體關係不是固定不變的實體，而是動態的相互作用過程，包含著豐富多采和不斷變化的人際關係網絡，而這些網絡又總是通過他人有意義的參與交織而成的。採用所謂「消解衝突」的理論或類似水壓力機制的「蓄」或「洩」的方法來分析研究上述問題，只能觸及父子這個二分體關係的皮毛，因為這種分析無法探明其中深層的意義結構，更不用說那種維繫這一結構的精神價值了。

儒家的取向是以父子關係具有絕對約束力為出發點的。在儒家看來，父子關係中的兒子與君臣關係中的大臣不同。大臣出於對義的至上關切可能不得不提出公開批評，甚至作為公開抗議宣布自己退出君臣關係，可是兒子在任何情況下都不應當割斷他同父親的聯繫。因此，一個人不可能選擇自己的父親這樣一個普通的常識，在這裡卻被認定為一種核心價值。「天下無不是的父母」這句儒家格言清楚地表明，既然我們的血肉之軀來自父母，既然我們的存在本身不可避免地同父母關係聯結在一起，我們就必須承認，父母在我們生活的每一個方面都表現其存在。例如，我們的身體並不是單純地為我們自己所擁有，而是父母賦予我們的神聖禮物，因此，它充滿了深刻的倫理宗

儒家思想——以創造轉化為自我認同

教意義：

> 身也者，父母之遺體也。行父母之遺體，敢不敬乎！
> 居處不莊，非孝也。事君不忠，非孝也。莅官不敬，非
> 孝也。朋友不信，非孝也。戰陳不勇，非孝也。五者不
> 遂，災及於親，敢不敬乎！ ⓮

這種被如此廣義地理解為一切美德之源的孝，也許是儒家倫理被政治化的結果⓯。但是，傳宗接代之所以必要是因為它不僅具有社會的和政治的意義，同時也具有精神上的意義，這種思想則絕對是儒家的原創性灼見。

這一灼見的重要特色就在於，它承認父親的「自我理想」，他對自己的希望，以及他為家庭所創造的供人效法的標準，是兒子所繼承的遺產中不可缺少的一部分。傳宗接代的思想不應當從字面上理解為生物學意義上的血緣延續，連續數代沒有中斷的家系顯然是值得慶賀的，更不用說家族興旺，子孫滿堂，人才輩出的幸福結果了。但是，儒家認為，真正衡量一個成功

⓮ 馮友蘭：《中國哲學史》，頁 435–436。

⓯ 徐復觀：〈中國孝道思想的形式、演變及其在歷史中的諸問題〉，收入他的 《中國思想史論集》（臺中：東海大學出版社，1968年），頁 155–200。雖然徐教授後來對他的歷史觀作了重大修正，但他的下述論斷仍然是有效的，即作為一切美德之源泉的廣義的孝道概念，可能是儒家倫理政治化的結果。

的父親的標準則是學術成就、文化成果和家庭生活的質量。提高父親聲譽需要一系列超出世系延續這一珍貴價值之外的種種條件。孟子也許被誤解成贊同這樣的簡單觀點，即生育男性後代是孝子的最重要的義務（「不孝有三，無後為大」）❶。在父系宗法社會中，兒子的出生可能被認為是延續家庭血統的最起碼的要求，但是，父親精神遺產的傳承無疑是一個相當複雜的通過象徵資源進行的互動過程。

傳說的聖王舜的艱難處境就是如此❶。舜是東方未開化地區的一個蒙昧人的兒子，他依循聖王堯的示範教誨，通過自我發展成了一個履行孝道的典型。他是在眾寡懸殊的情況下做到這點，例如，他父親勾結其繼母和他的同父異母兄弟千方百計地謀害他，但由於神靈的庇護，或用儒家的話說，是由於他能誠於天，所以躲過了每一次災難的威脅而未受傷害。儘管這樣，他對那不合格的父親的孝卻從未失去。正是因為他所表現出來的這種感人至深的美德，且不提他的內在力量和個人尊嚴，他才作為典範，被堯授予統治中國的王位。對我們當前的討論說來，指出這一點是有啟迪意義的，即在這個傳說中，舜並非僅僅表現為順服的兒子。因為，如果舜盲目順從父親的殘暴，那他就會有生命的危險，並且，還反過來會使他父親更加卑劣可恥。正是在這個意義上，《孔子家語》才認為，孝子只應忍受憤怒的父親的輕微體罰❶。因為，逃避嚴酷的拷打不僅僅是保護

❶ 《孟子》，第 4 卷（上）第 26 章、第 4 卷（下）第 30 章。

❶ 同上，第 5 卷（上）第 2 章。

父母給予他的身體，而且也是為了尊重父親身上所具有的為父之道，儘管這父道由於父親的憤怒而可能暫時變得隱晦了。

確實，舜要擺脫他所面臨的二難窘境要比逃避拷打困難得多。幾乎沒有任何跡象表明，這個殘暴的老傢伙有什麼愛心。舜的策略就是根據自己的道德見識，盡可能採取在那種情況下最道德的行動。例如，關於他的婚姻大事，舜決定不告訴父親。孟子在為這一表面上不孝行為辯護時提示他的學生，容忍父親干預將會導致更加嚴重的後果❸。在孟子看來，舜是依據一種人格理想行事的，這種理想超越了一切文明行為的通則，對人類群體任何特殊行為規則提供了終極依據。舜被視為孝道的典範，因為，即使他並不順服，並且根據傳統觀念甚至可能被認為是違抗父命，但他的行為則表現出他對父親的自我理想所企望的那些東西的關切和尊重。在這個意義上，舜從未對父親的權威提出挑戰，他也沒有無視他的權威；他只是謹慎地矯正了並從而恢復了這種權威。在舜的道德意識中，現實的父親和理想的父親的不斷出現，使他能夠經常與這位重要的他者展開象徵符號的互動，並以此來發展自己的內在力量。由此可見，舜不可能單獨地實現他的孝愛。據此，他不僅要感激他的父親，而且還要感激他的繼母和同父異母兄弟。

如果認為孝是兒子對父親的一種自發的愛和關心的自然流

---

❸ 《孔子家語》（宋代蜀本的再版，臺北：中華書局，1968年），第4卷第5–6章。

❹ 《孟子》，第5卷（上）第2章。

露，那麼舜的傳說可被看成是證明這種認識的最困難的例子。儒家對此的詮釋則強調了即使處於最惡劣的二分體的關係中也有自我實現的可能性。上述事例的啟示是顯而易見的：我們都應當受到舜的榜樣的激勵，從而使自己能夠適應於極端難處的關係，使自己在追求道德理想的過程中與這種關係協調，並用它來創造性地轉化自己和周圍的人們。這就是說，舜的傳說給我們以雙重啟示：父子關係是無法擺脫的；並且它為自我實現提供了取之不竭的符號資源。這種啟示同時還隱含著儒家的一個典型悖論：父子關係意味著一種強制、限制和束縛；然而，通過這種強制、限制和束縛的力量，它同時又為父親和兒子的修身提供了必需手段。這種表面看來似乎是把超自我任意強加給個體的做法，根源於一種對人類生存狀況的看法，依此看法，在人類生存狀況中，父子關係意味著超出一般心理－社會的動力機制並包涵這種機制的一種「超越」。舜的行為清楚地表明，兒子訴諸父親的自我理想確實有可能實現，而這種訴求又反過來告訴自己的良心，什麼才是最好的行動方針。

在〈基督教和儒家中的父與子〉這篇發人深思的論文中，貝拉通過論述一個堅定不移的諍臣所表現的「真正英雄式的忠誠」，證明孝在政治抗議中的最高價值，並指出它標示了「偉大文明之所以有力量和能綿延不斷的根源」[20]。然而，他也注意到：

---

[20] 《超越信仰：論後傳統世界中的宗教》，頁 95。

在對政治權威和家庭權威的態度中，儒家的符號體系似乎並沒有提供任何支點足以為不順從父母提供理據。但這並不意味著父母不能被批評，因為當他們不符合其祖先的遺訓時，兒子確實有規勸的積極義務，但對父母還是不能不順從的。❹

這種看法使他得出這樣的結論：

> 儒家對父子關係的提法排斥了除順從之外任何由戀母情結帶來的任何產物。而這種順從，歸根結底不是對一個人，而是對具有終極有效性的人際關係模式的順從。但這種產物由於缺乏一種超越性忠誠的支點，因此不能像基督教那樣為創造性的社會變革提供合法性。在西方，從摩西啟示時代起，社會關係的任何特殊模式原則上就沒有終極性。而在中國，孝和忠成了絕對原則；在西方，歸根結底只有上帝是終極的主宰力量，但在中國，父親繼續統治著。❷

倘若我們同意貝拉頗有見地的觀點，儒家的導向顯然無法說明戀母情結的多層含義：即兒子在與父親的關係中會產生愛和懼、尊敬和內疚、順從和反抗的情操與心態。然而，這裡所

---

❹ 同上，頁 94。

❷ 《超越信仰：論後傳統世界中的宗教》，頁 95。

謂「無法說明」的原因卻相當微妙複雜。就像貝拉在他的文章的開頭所說的那樣，「在中國人的宗教符號體系中，家庭形象根本沒有形成中心。雖然不存在比儒家更強調父子關係的文化，但它卻沒有反映在終極的宗教符號體系中」❷❸。這種社會結構和宗教符號體系之間的明顯不對稱，可以作為考察儒家思想中的父子關係的重要參照點。在這裡，同樣把貝拉的文章作為出發點也是有益的。在「簡要論述」了基督教信仰和禮儀中有關父子關係說法的某些含義之後，貝拉告誡我們不要只從字面上去死板理解弗洛伊德的觀點：

> 不過，顯而易見的是，基督教的符號體系不能用戀母情結去解釋。如果基督教的符號體系僅僅是戀母情結的直接投射，那麼，由戀母情結的普遍性就可以推導出基督教符號體系的普遍性。但是，這顯然是違背事實的。基督教的符號體系實際上是非常獨特的，它產生於特定的歷史背景，擔負著特定的歷史角色，這似乎是弗洛伊德自己都承認的事實。基督教符號體系的特有的品質首先來源於基督教的上帝概念，它的整個符號結構就是圍繞上帝概念建立起來的。❷❹

看來，如果把基督教符號體系作為理解戀母情結的背景並

❷❸ 同上，頁 78。

❷❹ 《超越信仰：論後傳統世界中的宗教》，頁 82。

作為父子關係的一種獨特看法的表現，而不是把它作為戀母情結的直接投射，則弗洛伊德所設想的戀母情結的解釋能力可能會大大加強。基督教的符號體系確實很難用戀母情結的直接投射來解釋。但戀母情結在運用心理動力學方法來分析基督教的基本主題中卻頗具說服力。這一事實似乎暗示，戀母情結這一概念本身的產生可能首先是受了猶太教和基督教的符號體系的深刻影響。戀母情結可能並不像弗洛伊德所想像的那樣普遍可以適用，它並不像他在《圖騰與禁忌》一書中所指出的那樣，是「所有精神疾病的核心」，也不是人類社會和文化主要方面的「起源」 ❷⑤。然而，戀母情結，即父子關係中固有的那種緊張的感情糾葛，倒確實似乎具有普遍性。所謂的投射理論乃是一種過分簡單的因果關係說，它無法說明文化符號體系對社會結構所產生的巨大力量和影響。

雖然家庭在儒家的社會中居於中心地位，但它並沒有被看成目的本身。儒家將家庭看作是人類的自然的棲所；它是相互支持和個人成長所必需的和最合適的場所。據此，父子關係是人類生存狀況的一個突出特點：人就是有父。但是，生活的最終目的既不是調節家庭，也不是協調父子關係，而是自我實現。在儒家看來，只有通過修身，家庭才能得到調節，父子關係才能得到協調。這樣我們就可以理解，《大學》一書為何「以修身為本」，而把齊家、治國、平天下視為「末」（枝） ❷⑥。修身終

---

❷⑤ 弗洛伊德：《圖騰與禁忌》 英譯本 (New York: W. W. Norton & Company, 1952)，頁 157。

能導致平天下的內在邏輯，正如同眾多分枝乃是健壯主幹的自然產物一樣，這點此處不詳論。此處只要指出下面一點就夠了：儘管沒有證據表明文化的象徵符號諸如儒家的「天」和「道」是家庭價值的投射，但父子關係和其他「五倫」，卻必須借助賦予此特殊社會結構以意義的某種「超越」才能得到充分理解。

基督教的符號體系以耶穌為救世主來拯救靈魂，因而有削弱家庭關係之意義的傾向。與基督教不同，儒家的「拯救」是把家庭中成對的二分體關係作為其出發點，把重點放在學做人的具體過程上而不是放在自我實現的最終目的上。《論語》中關於「孝悌為仁之本」的觀點，準確地說，是意味著將孝和悌看作實現人性的第一步❷。孟子在批判墨子兼愛時，反駁了那種認為對待路人應像對待自己的父親一樣親切的道德觀❷。使孟子感到不安的並不是它的道德理想主義，而是整個做法的不可實現性。如果我們把父子關係的豐富內涵，包括它的富有成果的多義性，簡化為我們與路人相遇時的單向度關係，那麼，關心陌生人就像關心自己的父母一樣熱情的良好願望，就會變成對待我們的親人就像對待陌生人一樣冷淡的可悲後果。事實上，我們必然是在受其直接限制的各種二分體關係的背景下開始自我實現進程的，堅持這一點構成了儒家符號體系中父子關係的基本原則。

---

❷ 陳榮捷：《中國哲學資料選集》，頁 86–87。

❷ 《論語》，第 1 篇第 2 章。

❷ 《孟子》，第 3 卷（下）第 9 章。

　　支配父子關係的另一個基本原則乃是交互對等原則（恕）❷。那種只是將父親視為一個社會化他人的人、一個教育者、因而也是權威主義的管教者的印象，如果不算錯誤的話，也是很膚淺的。的確，一個作為儒家的兒子是不允許對父親表達反抗情緒的，但是，如果把兒子由於他對父親的進攻性長期受壓抑而終於爆發說成是現代社會和傳統儒家社會的中心問題，是會誤導人的。依據交互對等原則，父親就應當有父親的形象，這樣，兒子才能以一種最適合的自我認同的方式去實現父親的自我理想。子孝被認為是對父慈作出的反應，父親在期望兒子熱愛和尊敬他之前，必須為兒子樹立起愛人和值得尊敬的榜樣。在兒子的心目中，父親應當是一個值得傚效的老師；但同時並不鼓勵父親親自去教誨自己的兒子，以免父子的親密關係由此受到損害❸。正因為如此，易子而教，在中國社會一直是很常見的。

　　儒家文化中父親形象的嚴厲不應當與冷淡或漠不關心混為一談。一般說，父親並不應從形體上太接近兒子，形體的親近似乎是母子關係享有的特惠。然而，父親在兒子發展的最關鍵階段則應當是兒子的經常伴侶與他保持密切關係，如慈父必需參與兒子的教育，照料他的成長，幫助他安排婚姻，並使他能

---

❷ 楊聯陞：〈作為中國社會關係之基礎的「報」的概念〉，見費正清編：《中國的思想與制度》(Chicago: University of Chicago Press, 1957)，頁 291–309、395–397。

❸ 《孟子》，第 4 卷（上）第 19 章。

開始自己的生涯。作為兒子，則應反過來努力實現父親的各種願望與理想，並把它們內化為自己生活的目標。交互原則似乎是許多社會所共有的。不過，在儒家符號體系中對於倡導這原則卻有自己的獨特的依據，即父子的交互的親密關係不僅是絕對必要的，而且非常有利於兒子的精神成長。它同下述的觀點完全對立：即內在的精神性的追求，需要人超越或放棄一切原初存在的關係。因此，父子關係之所以在儒家思想中居於中心地位，是因為根據儒家思想的範式，自我實現絕不可能沒有他人的參與。

那麼，這是否意味著既然儒家符號體系中的終極性事物（例如天或道）沒有明顯地從自然的與社會的秩序轉到一個超越的參照點（例如上帝）上，因此就沒有能力提出終極性的問題呢？如果真是這樣的話，那麼，儒家的自我歸根結底只是一個社會道德的範疇，或者說是一個缺乏深刻宗教意義的範疇。但是，另一方面，如果採取本文的取向，認為儒家的自我其本身就是一個超越的參照點，那麼我們究竟如何理解自我與天和道這樣的終極性事物之間的接合關係呢？

我以為，理解這一點的關鍵在於，儒家不僅將自我視為種種關係的中心，而且視之為一種精神發展的動態過程。在本體論上，自我，我們原初的本性，為天所賦。因而，就其可涵潤萬物而言是神聖的❸❶。在這個意義上，自我既是內在的，又是

---

❸❶ 陳榮捷：《中國哲學資料選集》，頁 98。

超越的。它為我們所固有；同時它又屬於天。這個概念看起來似乎類同於基督教把人性視為有限界的神性。依據類比，儒家所說的自我，或人的本性可以看成是在人的身上所體現的上帝的形象。不過，天的超越性與上帝的超越性是很不相同的。孟子認為，人心的充分實現能使我們理解人的本性，進而最終理解天（盡心、知性、知天）。這種觀點是以這樣的信條為基礎的，即自我是我們從整體上理解天命之微妙含義的充分和必要的條件。用基督教的語言來描述，它意味著，即使沒有上帝的恩典，人性本身也能充分實現它的有限神性，以至於作為上帝化為肉身的歷史上的耶穌也不過象徵著，人憑藉自己的力量應該可以達成何等的境界。畢竟，基督也被稱為偉大的榜樣。不過，這種說法卻和惡名昭彰的儒家式的皮拉基亞斯教義❸❷有非常相似之處，後者包括：否認原罪，斷言人具有不陷溺於罪的意志自由，聲明我們作為人具有無需外力支援的力量去取得得救所必需的神恩。確實，在儒家看來神恩和自我實現是完全不相干的。

雖然我們並不認為超越意味著某種具有外在根源的權威，更不必說所謂「全然的他者」，但是，儒家的自我確實具有明顯的超越層面。即天住在自我之中，它通過自我而發用，而且經由自我得到最佳化的表現。這種自我保持著與天的默契，它是偉大的文化理想和精神價值得以生長的源泉。因此，可以理解，

---

❸❷ 皮拉基亞斯 (360?–420?)，英國僧侶及神學家，他的教義否認原罪，主張人有意志自由。

儒家心目中的主體性並不屬於有所偏愛的特殊主義；弔詭的是，恰恰相反，它變成普遍性的具體的基礎。

由於我在別處已詳盡闡述過這一點❸，因此，本文僅從精神的能動發展這一角度來考察自我中超越的意義。人們也許會問，既然善是人生來固有的本性，那為什麼還有自我實現的必要呢？對此，直截了當的回答是：我們本性中固有的善往往處於潛在的狀態之中，只有通過長期和持續不斷的努力，它才能作為一種被體驗到的實在而得到實現。然而，從更深層的意義上說，我們還必須把本體論上的肯認和存在狀況上的實現過程加以區別。我認為，自我實現是一個存在層面上的概念，它規定了一種將「人性本善」的本體論主張變成現實存在的方式。正因為人性本善，所以，自我實現的終極基礎和推進自我修養的具體過程兩者都處在自我的結構之中，儘管有皮拉基亞斯主義錯誤之嫌，儒家的自我其本身就包含有精神能動的發展所必需的內在源泉。

對自我的這種認識隱含著一種循環：由於人性本善，所以能動的精神發展具有確鑿的可能性；反之亦然。如果我們同意儒家的本體論上主張與存在狀況上的實現過程之間的區別包含著某種辯證關係的話，那麼，這種循環並不是一種惡性循環。因為，我們可以很清楚地看到，在儒家自我的結構中具有一種對超越的強烈渴望，但是，這種渴望不是對一個外部最高的存

---

❸ 杜維明：〈中與庸：試論「中庸」〉，頁 100–141。

在者的渴望，而是對賦予我們人以其本性的天的渴望。從更深刻的意義上說，這種對超越的渴望也是對自我超越的強烈要求，即超越自我的現存狀態，使自我成為應該成為的自我。從本體論上講，儘管我們從不缺乏與生俱有的精神發展的源泉，但還是必須不斷地向可以利用的符號資源開放，以探求自我實現的具體道路。他人的參與不僅是最好能有，而且是絕對必要的。因為，作為關係的中心，我們並不是孤獨地走向我們的最終歸宿；我們總是生活於家庭和朋友的關係之中，不管他們是在我們的回憶中、想像中、或者實實在在地出現在我們面前。

因此，儒家的終極問題是：我怎樣在社會關係中實現作為天賦人性的自我呢？父子關係成為儒家符號體系核心的本身，正反映了這一提問方式。既然我永遠無法作為被孤立的或可孤立的個體來實現自身，我就必須承認，我得在與他人建立的二分體關係中，首先是我同父親的關係中來給我自己定位，並把它作為實現自身的出發點。同父親的關係對於我的自我拯救是至關重要的，因為如果這一關係被忽視，那麼，我便再也不能面對從整體意義上說我之所以為我這個現實。畢竟，天所賦予我的本性只能通過作為種種關係之中心的我的存在去表現。為了進行修身，除了其他的關係以外，我首先應當通過我與父親的關係（這種關係具有富有成果的歧義性）去完成。聖王舜當然面臨比大多數人更為困難的任務，但他和我們一樣，也不可能繞過他所處的社會關係而直接與天建立密切的聯繫。他所以能在充分實現自我的意義上達於天，正是因為他能勇敢地面對

他身邊的各種社會關係的挑戰。社會關係本身並不是儒家的終極關懷，它們在儒家的符號體系中之所以顯得重要，是因為一方面它們植根於人的深層心理，另一方面，它們可以擴展上達到人的宗教層面。

在這個意義上，父子關係為修身提供了情境和媒介。我們培養對父親的敬重，並不是因為父親處於支配地位，也不是因為我們不敢違抗他們，我們尊重他們是為了我們的自我實現的構想，而且，通過細心說服也可能使父親們覺得，這也是為了他們自身的自我實現的構想。的確，我們的自我理想正是通過師生關係、朋友關係、君臣關係、兄弟關係以及其他許多社會角色才得以產生存在。在這裡，儘管父子關係具有中心的重要性，但畢竟只是其中的一種關係。因此，我們像舜一樣，雖然把同父親的關係當成絕對的無法解除的紐帶，但我們並不服從他們的專橫統治。為了我們自己也為了父親，我們必須訴諸於天賦予我們的本性、良心，並受它們的導引。畢竟，我們是為了自我實現這一終極目標才把父親尊為我們所追求的有意義生活的源泉。確實，在我們同父親的關係中含有一種「創造性忠誠」之意❸❹。為了給我們社會帶來美好的生活，我們都參與一種共同的事業。我們知道，只有超出有限的、自我中心的世界觀，才能夠真正領悟人性中固有的具有普遍性的天命。我們嚴肅地對待我們的種種二分體關係，因為，這些關係能夠借助象

---

❸❹ 卡布內爾‧馬賽爾：《創造性的忠誠》，羅伯特‧羅斯賽爾英譯本 (New York: Farrar Strauss & Co., 1964)。

徵符號的內容來豐富我們的內在資源，從而使孝、悌、友誼等成為精神發展的必要組成部分。正是在這樣的意義上，儒家的自我需要他者的參與。

為了避免把自我與他者的共生現象誤解成一種還沒有經過區分的、混沌的有機論的概念，指出下面一點是十分重要的，即儒家的自我概念——其中沒有原罪和上帝恩典的觀念——決不是肯定人在「墮落」前的那種天真無瑕的狀況。儘管儒家缺少關於「墮落」的神話，但人的脆弱性、易墮落性、邪惡性等在儒家的符號體系中都得到了充分認識。儒家敏銳地意識到人類的自我毀滅傾向，更不用說懶惰、邪惡、傲慢等類似的傾向了。正是這種對人在自我修養中所碰到的巨大困難的深刻意識，促使儒家把人的精神發展界定為一種群體行為。一個孤獨的人在完全孤立的狀態中試圖尋求自我拯救，而又沒有來自群體的切身支持，這種觀念在儒家社會中是不可思議的。儒家更珍惜的途徑是通過與日益擴展的人際關係圈的交流和參與去進行自我修養。即使是冒著失去個體自主的危險，儒家也寧願選擇適合的伴侶和「志同道合的朋友」共同參與，以相互勉勵的形式發展自己。在這點上，父子關係與師生關係以及夫妻關係類似，歸根結底都是以一種對共同事業的相互信賴的承諾為基礎的一種「合約」。通過所謂富有意義的他者，人能夠深化和拓展自我，這就是儒家不僅把自我視為各種關係的中心，而且視之為精神的能動發展過程的意義所在。

八、宋明儒學的宗教性和人際關係

宋明儒學所謂學，其主要目的是「為己」❶。學做人不是為了使他人感到滿意，也不是為了符合一種外在的行為準則，而是一種自發的、自主的、充分自覺的、並且全面承諾的意向行為，一種自我實現的行為。它確定自己做人的方向，產生自己做人的形式，並創造自己做人的內容，事實的確如此，宋明儒思想的所有基本格言，不論程朱理學或陸王心學都把自我實現當作一種既定的基本設定。程頤的所謂「涵養須用敬，進學則在致知」❷，朱熹的所謂「居敬窮理」❸，陸象山的所謂「先

❶「為己」的思想是在《論語》(第 14 篇第 25 章) 中最早出現的，它作為一種基本的前提實際上為所有的宋明儒家流派所接受。

❷「涵養須用敬，進學則在致知」的表述，體現了程朱對待道德之自我修養的特有看法。參見陳榮捷：《中國哲學資料選集》，頁562。

❸「居敬窮理」的觀點可視為是朱熹對程頤的教育方法的解釋。陳榮捷認為：和程頤一樣，朱熹在道德教育中的「敬」和「格物」之間求取平衡。朱熹曾指出，「敬」乃是儒家留給後人的一個重要範疇，它既是程頤教學的基礎，同時也是程頤對後人的最偉大的貢獻之一。參見《中國哲學資料選集》，頁607。應當指出

立乎其大者」❹，王陽明的所謂「致良知」❺，以及劉宗周的所謂「慎獨」❻都是典型的範例。不過，儘管宋明儒學認定倫理宗教領域創造活動的中心是人的主體性，但它既不是主觀主義的，也不是個人主義的。

例如，宋明儒家思想中的自我並不是指孤立個體的私人占有物，而是一個開放系統。它是各種有機關係的動態的中心，是一個具體的人通向整體人類群體的道路。在本文中，我打算就宋明儒家從哲學人類學的角度提出的一些具有永恆意義的宗教和家庭的問題，探討其中的宗教倫理意義。

宋明儒家思想的一個鮮明特徵，就是重新體現孟子的古典心學，視之為不斷深化和擴展自我認識的一個永無止境的過程。這一新界定包括對個人品格修養的本體論論證和如何獲得這種修養的經驗性的描述。用宋明儒學的話說，「為己之學」命題中包含有兩層不可分離的意思：即「本體」和「功夫」。在本體的層面上，宋明儒學將「為己之學」建立在將人性視為「覺」（感

「敬」這個範疇，既可表示「尊重」和「恭敬」的意思，也可以像陳榮捷那樣選擇了「嚴肅認真」一詞來表達其多方面的含意。

❹ 人們通常認為，陸象山是將其道德哲學建立在孟子的思想基礎之上的。「先立乎其大者」參見《孟子》，第 6 卷第 15 章。

❺ 「致良知」有多種譯法，諸如「先天知識的擴展」，「道德意識的擴展」，「良心的擴展」和「直覺知識的擴展」。在我的這篇文章中，「良知」實指「原生意識」，而「致」則有「充分實現」的涵義。參見《孟子》，第 7 卷（上）第 15 章。

❻ 劉宗周所謂「慎獨」說是以〈大學〉和〈中庸〉為基礎的。

受性）的基礎之上的❼。如同宇宙間的任何其他存在形式一樣，人的存在被賦予了所謂「理」這種實有。因此，人的存在是「存有之鏈」，即包容天地萬物的環鏈中的一個不可少的組成部分。然而，人的獨特性就在於，他的心有一種固有的能力在其良心和意識中去「體天下之物」。通過這種體悟或體現，實現自己的「覺」（即感受性），彰顯真正的人性，並「參天地之化育」❽。

宋明儒家有關心的無限感受性的信奉決不是一種浪漫主義的見解，乃是有意識地試圖賦予人性一種上帝般的創造性❾。用神學的話說，雖然宋明儒家並不相信有一位超越的人格化的上帝——他有時被描繪為一個「全然的他者」——但他們相信人性最終是善的，而且有包容萬物的神性，這種人性是天命所賜，必需通過心的有意識的、致良知的活動才能充分實現。在這裡有一個基本的假定可以稱之為「存有的連續性」。

在宋明儒家的思想中，天的實體對人決不是陌生的，因此，它能夠為人的意志、感情和認知功能所領悟。人的心如果僅靠其理智的機能，可能永遠不會領悟天的運作的奧妙，但是，就像調準頻率的耳朵一樣，通過對心靈的培育和修養，它甚至能夠察覺到神發出的最幾微的聲音。當然，與任何神學論證明顯

---

❼ 參見程顥的〈識仁〉一文，該文收在《二程遺書》中。

❽ 這是建立在〈中庸〉的天人觀點的基礎上的。參見杜維明：〈中與庸：試論「中庸」〉。

❾ 方東美：《中國哲學：其精神及其發展》（臺北：聯經，1981 年），頁 446–469。

不同，宋明儒家把天的運行過程描繪成無聲無臭❿。而且，遵循著孟子的傳統，宋明儒家堅持，天視「自我民視」，天聽「自我民聽」❶。這種天人互動觀念規定了宋明儒的宗教性。

史密斯 (W. C. Smith) 在其對宗教意義和目的富有生命力的研究中，對於以一整套可客觀化的教條為特點的作為制度的「宗教」同作為某一信仰群體中的成員在精神上的自我認同所具有「宗教性」作了極有幫助的區分❷。因此，宋明儒學是不是一種宗教這個問題，不應當同以下這個更加重要的問題混淆起來，相提並論，即在宋明儒家這個群體中具有宗教性究竟是何含意？前一問題的答案，往往取決於我們對於什麼構成宗教的最典型範例這個問題所採取的特殊的詮釋立場，但這種答案也許與我們所瞭解的、作為一種精神傳統的宋明儒家關係不大；而關於宋明儒是否「具有宗教性」的問題，則對於我們揭示宋明儒構想中的「內在層面」卻具有決定性的意義。為了方便起見，我們將宋明儒心目中的「具有宗教性」理解為：不斷進行

❿ 這也是以〈中庸〉為根據的，但是，這一觀點最早是由《詩經》第 235 首提出來的。

❶ 《孟子》，第 5 卷（上）第 5 章。應當指出，這一「民主的」或「民粹主義」思想可以從《書經》中找到，參見詹姆士‧利戈 (James Legge) 英譯本《中國典籍中的「書經」》(Oxford: Clarendon Press, 1865)，卷 3，頁 292。

❷ W. C. 史密斯：《宗教的意義和目的》(New York: The Macmillan Company, 1964)，頁 19–74。

作為一種群體行為的終極的自我轉化❸。既然如上文所言,自我是一個開放的系統,則這種自我轉化必然引起自我不斷擴展的過程。

或許我們能夠以圖解形式將自我擴展設想為一系列不斷擴展的同心圓,它象徵著心的從未測定的可以包容天地萬物的感受性。因此,擴展自我就意謂著對最終可以「體」宇宙萬物之心的能力,加以純化、察照、並使之臻於至善。這即是說,自我並不是一個靜止的結構,而是一種動態的過程;它是諸種關係的中心,而不是一個個人思想和情感的封閉世界;它需要伸出去接觸其他的自我,通過不斷開擴的人際關係網絡與他人溝通。儘管宋明儒家的自我觀念很可以通過社會角色來理解,但它卻首先是一個具有深遠的宇宙論和本體論含意的倫理宗教觀念。

通過修心以實現人性的具體道路,包含情境化和非情境化兩者之間的互動。我們還可以把宋明儒的倫理與宗教性的這種獨特性,進一步看作是結構上的限制和程序上的自由之間的辯證關係,它出現於自我修養的每一階段之中。首先,必需承認作為各種關係之中心的自我,開始實現自身時是處於各種相互聯繫的條件,即情境之中的。它需承認這點乃是以前面所提到的「存有的連續性」為基礎的。根據定義,自我轉化不只是離開自己「所在的原點」,而且也是對這個原點的回歸。它既不是對純粹精神性的追求,也不是對肉體的、世俗的、或對瀆神的

---

❸ 杜維明:〈作為群體行為的終極自我轉化:論傳統中國之自我修養模式〉,《中國哲學雜誌》,1979 年第 6 期,頁 237–246。

事物的一種解脫，在宋明儒家那裡，凡俗和宗教，或肉體與精神的兩分法，由於容易造成誤導而遭到拒斥。按照他們的看法，真正的任務乃在人類的日常生活中彰顯生命的終極意義❶。

　　當然，宋明儒的宇宙中不是沒有特定的地點與時間的。「轉化中的自我」❶所體驗到的時空提供了一個無法剝奪的情境，因此，最原初的紐帶在宋明儒學對自我的界說中居於中心地位，當然，廁身於特定的時間、處於確定空間中的感覺，決不僅僅包含對人的肉體存在的意識。儘管人心可能如同一塊「白板」，但人總是出生在複雜的社會關係網絡之中；自我作為一種活生生的現實而非抽象的概念，必然會意識到周圍的他人是他自身存在的不可缺少的組成部分。自我所處的情境不僅要求一種被動的承認，而且也要求積極的確認。一旦人際關係這一事實獲得確認，人們便能為自己所充當的社會角色承擔自己的職責。雖然我們不可避免地會被情境化，但這種結構上的限制未必是對我們進行自由選擇的一種外加的強制，因為它提供我們生存下去的養分，成長的環境，以及據以進行創造的象徵符號的資源。

　　然而，從更深刻的意義上講，在宋明儒思想中自我的意義，不可能被使自己情境化的社會角色所限制。無論人的結構限制

---

❶ 杜維明：〈宋明儒家的人的概念〉，收錄在《仁與修身：儒家思想論文集》，頁 71–82。

❶ 這一表述借用於赫爾伯特·芬伽萊那發人深思的書名，《轉化中的自我：精神分析學、哲學與精神生活》(New York: Basic Book, 1963)。

如何強固，或被認為是如何強固，在人的發展的任何時刻，總有超越以及克服這種限制所產生之消極影響的可能性。自我固然是處於社會性之中，但它既不是被封死在社會性之中也不是社會性的奴隸，所以，界定自我之社會角色的二分體關係所構成的網絡也決不是固定不變的。這種網絡必然經常地與不斷生滅的關係所組成的變化著的結構交織在一起，自我正是在自己的生活處境中和這種結構相遭遇。毫無疑問，有一些基本的永久性關係——如父子關係——不會因這些變動因素而消失。然而，即使這種關係也不是固定不變的，因為，當它左右其他關係時，也要被其他關係所左右。因此，各種各樣的二分體關係的互動產生了整合人格的推動力，這種推動力，就是上文所謂的程序上的自由。

進而論之，自我的擴展最終達到了與最具普遍性的天的合一境界，在這一過程中，自我經歷了與一系列不斷擴展的社會群體相融合的具體道路。這種倫理宗教的灼見的經典依據是〈大學〉中的這句話：

> 身修而後家齊，家齊而後國治，國治而後天下平。❶

宋明儒對上引經文的解讀，忠實於為己之學的精神，把直接關係到個人生活的修養問題放到非常醒目的位置。因此，宋

---

❶ 〈大學〉，第 1 章。

明儒家的詮釋工作將其注意力集中到自我擴展的「內在層面」，這一層面是由「格物」、「致知」、「誠意」、「正心」等所構成⑰。在所有主要的宋明儒學思想家的著作中，都十分強調以一種考古學挖掘的方式去獲取對自我的深層的理解。

宋明儒家確信，自我的可完善性可以擴展到家庭、國家、乃至天下。以「修身為本」不僅具有個我的，而且具有社會、政治和宗教的重要意義。堅信自我所具有的巨大轉化潛能必然導致對於彰顯這種潛能所必需之方式的意識。「修身而後齊家」這一命題意味著：只要家未齊，修身就必須持續下去。由此推論，如果國家政制還不是秩序井然，或是還未實現普天之下的太平，那麼，修身的努力便一刻也不能中斷。所以，在宋明儒家看來，「學」需要一種終極的持續不斷的承諾。

羅伯特‧N‧貝拉曾經認為：宋明儒學中的宗教性受到儒家符號體系中缺乏超越支點的限制。所以，它「沒有結構上獨立的宗教群體的基礎」⑱。由於在儒家觀念中，幾乎沒有論證過在社會認可的規範之外還有其他更高的規範，因而，創造性社會革新的真正可能性，便往往「因缺乏對某種超越存在的忠誠而受到排除，而正是這種忠誠能為社會革新的可能性提供依據」⑲。可是，近來的研究成果，包括貝拉自己對這一問題所作出的反思，都對韋伯對儒家倫理學的籠統解釋進行了重大的

---

⑰ 同上，第 1 章。

⑱ 〈基督教和儒家中的父與子〉，頁 81。

⑲ 〈基督教和儒家中的父與子〉，頁 95。

修正。例如，托馬斯‧墨子刻 (Thomas Metzger) 強調指出：宋明儒學中確實有一種與清教徒倫理在功能上相應的東西❷。而韋伯則斷言，宋明儒的精神導向是對世界作出適應，而不是主宰世界。韋伯的這一觀點不再令人信服，而且，他對於儒家的生命導向所作出的總體估價也是不能成立的：

> 一個成功地適應了環境的人，由於只將自己的行為合理化到適應所需程度，因此不可能構成一個系統的整體，他只能是某些有用的特性的複合體……這種生活方式不允許人們有一種追求「統一人格」的內在渴望，一種我們認為和人格這一觀念密切相關的追求。對他來說，生命始終只是一連串偶發事件而已。❷

韋伯認為在儒家道德中「沒有一種擺脫了傳統和習慣而對行為發生影響的內在力量」。儘管這個觀點是不瞭解情況的結果❷，但是他的基本主張仍然值得我們注意。韋伯爭辯說，儒家由於力求調和自我與社會之間的衝突，它的倫理中缺少一種：

---

❷ 托馬斯‧墨子刻：《擺脫困境：宋明儒學與中國政治文化的演變》，頁 29–47。

❷ 馬克斯‧韋伯：《中國的宗教》，英譯本 (New York: Free Press, 1964)，頁 235。

❷ 同上，頁 236。

介於自然與神祇，道德要求與人的缺陷，罪的意識與得救的必要，現世行為與超越現世的補償，宗教義務與社會政治現實之間的任何張力。❷❸

無論宋明儒學的大師們能否克服通過精神的自我轉化以實現政治道德化的抱負和君主要他們忠誠地參與政治格局的要求兩者之間的衝突，「任何模式的社會關係都不具有終極資格」❷❹的看法，這一在基督教看來是理所當然的，但對宋明儒來說卻是不可思議的。一個不可否認的事實是，從歷史上看，在經過高度政治化的儒家象徵符號系統的影響下，「孝與忠都變成絕對的」❷❺。在儒家思想占統治地位的中國，即便是最傑出的思想家也無法發展出一套超越政治的靈魂得救論。這一事實清楚地表明，作為「全然他者」的超越的觀念，在宋明儒學思想中是絕對不可能存在的。

不過，批評宋明儒學缺乏一個超越的支撐點，這實際上是把一種基督教的，從而是外來的解釋強加在宋明儒學之上。現代儒者確實很難完全理解那種「全然他者」的觀念，那種絕對依附的情操，也不會認為全心信仰一個不可知的上帝是說得過去的。但是，在宋明儒傳統的符號資源中，的確有可能發展起一種超越的支撐點用以作為知識群體或旨趣相近的求道者的終

---

❷❸ 馬克斯·韋伯：《中國的宗教》，頁 235–236。

❷❹ 貝拉：〈基督教和儒家中的父與子〉，頁 95。

❷❺ 同上。

極依據。這種群體在結構上獨立於政治秩序，但在功能上又與現實的社會政治不可分。儘管儒家很難設想有一個作為「全然他者」的超越力量，但它對終極自我轉化的承諾卻必然包含著某種超越層面，超越作為存在狀況之自我的通常界線，從而使人能與天所賦予的本性相符，儒家的這一觀點必然引發人去從事不斷超越眼前經驗的轉化性活動。這種轉化性活動是以這樣一種超越觀為基礎，即從本體論意義上講，我們實在是比我們的現狀無限地更好，更有價值。儒家認為，人在其最終極的意義上同天、地構成三位一體。從上述超越觀點出發，可得出一個結論，即每個特定的社會關係模式僅僅具有工具意義上的重要性，而不具有終極性。

至此，我們或許可以將宋明儒的宗教性重新表述為，它是由人的主體性的不斷深化和人的感受性連續擴展的雙重過程構成的。在這種情況下，作為群體行為的終極的自我轉化必然產生一系列的弔詭：如對自我的培育採取了對自我的主宰的形式；自我為了實現其本性就必須改變它的以自我為中心的結構。於是，要深化主體性就需要不斷進行滅私欲的鬥爭。正如修身使我們不得不超越自我中心主義一樣，齊家、治國、平天下使我們不得不超越出裙帶主義、種族主義以及沙文主義的局限。對上述種種局限的、狹隘的集體意識的弊端，宋明儒或許還不像生活在今天多元的地球村中的我們那麼敏感。但是，指出下面一點是極為重要的，即在宋明儒看來，擴展人的感受性應當也會使他擺脫人類中心主義。在他們看來，人存在的真正意義就

在於天人互動，萬物一體。

由這種天人之際的觀點出發，宋明儒關於家庭的思想不僅具有濃郁的社會和政治含義，而且含有倫理宗教的含義。張載(1020–1077)的〈西銘〉——陳榮捷將該文視為「宋明儒家倫理學的基石」——直接道出了這樣的含義：

> 乾稱父，坤稱母；予茲貌焉，乃混然中處。故天地之塞，吾其體；天地之帥，吾其性。民，吾同胞；物，吾與也。❷⑥

這段表述意味著，從家庭進而擴大到國家和世界，都是一種「信賴性群體」的不可分割部分，在這個群體中有機的聯繫將各種形式的存有結合在一起。將這種天人觀運用到人類社會，很自然地得出下面的看法：

> 凡天下疲癃殘疾，惸獨鰥寡，皆吾兄弟之顛連而無告者也。❷⑦

不過，正如朱熹所指出的，張載的孕育萬物的「仁」所隱含的基本假設並不是無差等的「博愛」，而是宋明儒所謂「理一分殊」的說法❷⑧。如果不展開技術性的細節討論，那麼，從其

---

❷⑥ 陳榮捷：《中國哲學資料選集》，頁 497。

❷⑦ 同上，頁 893。

「體」（本體）觀之，「理一分殊」的含義就是：有一種有機的統一性滲透萬事萬物之中。換句話說，萬物之間存在著絕對的平等性，因此，人的精神感受性能夠而且應當包容萬物，一視同仁。但是，另一方面，從「用」（功能）上講，人的「道德努力」必須對特定環境進行具體分析。所以說，「理」如何具體體現於萬事萬物的多樣性便成為問題的關鍵。既然人不可能做到像關心最親近的家人那樣去關心陌生人，要恰當地表達人的感受性就需要有差等的表現形式。

由此出發，「五倫」❷就是在結構和功能上有區別的五種二分體關係。這五種關係可以給人一種事有先後之感或某種等級次序的感覺。其中父子關係特別突出似乎正可說明五倫之間有先後或等級的差別。然而，不能認為父子的對應關係為其他四種關係提供了一種統一模式。應該說，每一對關係都有其獨立性，即不能夠還原為或歸屬於任何其他的關係。在解釋中國政治文化時常見的一個錯誤是：據稱由於宋明儒學的影響，認為

---

❷ 同上，頁 550。這段文字經常被譯為「原則是一個，而原則的具體化形式則很多」。我在自己的論文中採用了狄百瑞的譯法。參見他的《中國自由的傳統》(Hong Kong: Chinese University Press and New York: Columbia University Press, 1983)，頁 51。

❷ 常被人們引用的是《孟子》中的一段話：「人之有道也，飽食、煖衣、逸居而無教，則近於禽獸。聖人有憂之，使契為司徒，教以人倫，——父子有親，君臣有義，夫婦有別，長幼有序，朋友有信。」參見陳榮捷：《中國哲學資料選集》，頁 69–70。

君臣關係是以父子關係為模式的。父子，或父母與子女的關係乃是一種既定的原初血緣關係，它具有絕對的約束力，也是人所無法擺脫的。一個人不可能選擇自己的父母，可是可以隨時拒絕進入某種君臣關係，乃至切斷自己的某種政治紐帶。所以，父子之間的指導原則乃是「親」；而君臣之間的大德則是「義」，把父子關係和朋友關係二者結合起來也許更有助於理解君臣關係。

在分析五倫關係時容易犯的另一個錯誤，乃是誇大所有對應關係中不對稱性的分量。這種誇大一般會給人以這樣的印象：似乎強調臣對君、子對父，以及妻對夫的單向依附性的「三綱」❸是宋明儒倫理的特有本色。從歷史上看，宋明儒學作為一種政治意識形態，也許對近代以前中國社會推行暴君專制、老人統治，以及男性主宰起了一定的作用。然而，這五種最基本關係的實質並不是依附性，而是交互對等性，即所謂「報」❸。子孝是通過父慈得到回報的；臣忠是通過君明得到回報的，如此等等。在這一點上，友誼乃是典型的互對性，正

---

❸ 所謂「三綱」是指君臣、父子、夫婦之間的關係具有不易的原則。漢代哲學家董仲舒（西元前179—前104）是根據道德教育來討論這些關係的。而單向度從屬的提法則是一種高度政治化的解釋。參見陳榮捷：《中國哲學資料選集》，頁277-278。

❸ 楊聯陞說：「在中國，『報』的觀念乃是社會關係的基礎。」見《中國的思想與制度》，費正清編 (Chicago: University of Chicago Press, 1957)，頁 291-309、395-397。

是互對性而不是依賴性決定了朋友有「信」(trust) 的含義。

由朋友之間締結的信賴社會的「信」(trust)，並不是那種為達到某種狹隘的經濟或社會目的所設立的信託公司的 「信」(trust)。宗教中的團契這個近代觀念與專業協會或學術性團體不一樣，比較接近宋明儒家所謂「友道」，而友道又與「師道」密切相關。友誼，以及師生關係是為了群體的自我轉化而存在的，其目的便是進行道德教育：

> 濂溪 (即周敦頤，1017–1073) 先生曰：剛善：為義，為直，為斷，為嚴毅，為乾固；惡：為猛，為隘，為強梁。柔善：為慈，為順，為巽；惡：為懦弱，為無斷，為邪佞。惟中也者，和也，中節也，天下之正道也，聖人之事也。故聖人立教，俾人自易其惡自至其中而止矣。❸❷

這種「為己之學」的道德教育觀還突出地體現在兄弟之間的關係上。它要求兄弟在應用互對原則以追求自我理解的過程中，不僅包涵公平原則而且包涵利他精神。在儒家思想中滲透一切的精神乃是對他人的設身處地的理解，它意謂著「恕」（體諒與寬恕）的原則❸❸，因此，報復的思想是與宋明儒家的互對

---

❸❷ 陳榮捷譯 :《近思錄 : 由朱熹和呂祖謙彙編的宋明儒學選集》(New York: Columbia University Press, 1967)，頁 260。

❸❸ 《論語》曰：「夫子之道，忠恕而已矣。」參見陳榮捷：《中國哲

的價值觀截然對立的。或問:「如兄能愛其弟,弟卻不恭其兄,兄豈可學弟之不恭而遂忘其愛?」朱熹的回答是否定的。他認為,「兄當盡其愛而已」。因為,這正是《詩經》中「兄弟及弟矣,或相好矣,無相矣」❸❹的真正含義。

不應當錯誤地認為,上面所宣示的是一種自我犧牲或簡單的超然不計較的心理。因為,一個信賴群體意味著其中每個成員的道德完善是所有成員共同關心的事情。當某一特定的對應關係出現明顯的不對稱現象,例如弟缺乏敬的意識時,就要求正直的兄為了自己的修身去有意識地幫助他人(弟)繼續其道德學習過程。這就是《論語》中所說的名言:「己欲立而立人,己欲達而達人。」❸❺所以,根據自我教育的觀點,互對性總是一種雙向交流的關係。君主、父母、師長、朋友以及兄長都應當和臣子、子女、弟子、幼友、幼弟一樣努力使自己順從、忠誠以及獻身於社會共有的價值觀念。

可以想像,有時一個人不得不設法幫助父母做出符合社會道德的舉止,當然對老師也是如此(更不用說去幫助那些連起碼的統治標準都經常達不到的統治者克服缺點了)。這樣做的必要性和好處是理所當然的,但是,要獲得所必需和預期的結果則所採用的具體方式不僅需要仔細考慮,而且需要非常有分寸。在評論《易經》中「干母之蠱,得中道也」時,程頤(1033–

學資料選集》,頁 27。

❸❹ 陳榮捷譯:《近思錄》,頁 181–182。

❸❺ 《論語》,第 6 篇第 30 章。

1107) 曾經這樣說道：

> 夫子之於母，當以柔巽輔導之，使得於義。不順而
> 致敗蠱，則子之罪也。從容將順，豈無道乎？若伸己陽
> 剛之道，遽然矯拂則傷恩，所害大矣，亦安能入乎？在
> 乎屈己下意，巽順將承，使之身正事治而已，故剛陽之
> 臣，事柔弱之君，義亦相近。㊱

從上文可知，擔心兒子在糾正母親錯誤時採取魯莽的對抗
行為會無可挽回地破壞母子間的和睦，其所擔心的不僅是家庭
的和睦而且也是母親道德的完善。通過外在標準強制灌輸，儘
管對於自我約束來說可能具有作用，卻不可能帶來真正的自我
轉化，是以儒家總是倡導自願改變態度。因此：

> 孔子教人，不憤不啟，不悱不發㊲。蓋不待憤悱而
> 發，則知之不固；待憤悱而後發，則沛然矣。學者須是
> 深思之，思而不得，然後為他說，便好。㊳

從表面上看，夫妻關係似乎相當程度地背離了互對原則。
因為人們的一般印象是，妻子與兒媳在一個男性主宰的社會中

㊱ 陳榮捷譯：《近思錄》，頁 171–172。

㊲ 《論語》，第 7 篇第 8 章。

㊳ 陳榮捷譯：《近思錄》，頁 226。

是沒有自己的「權利」可言，然而，這卻是對宋明儒學的規範
系統實際上如何運作的一種誤解。誠然，程頤在回答「或有孤
孀貧窮無托者，可再嫁否」這個別有涵意的問題時，顯然由於
對提問者想確立再嫁一事有時即使不是稱心的也是必要的這一
意圖感到不安，因此，他以非常堅決的口吻說道：「只是後世怕
餓死，故有是說。然餓死事極小，失節事極大。」❸這種對婚
姻神聖性的毫不妥協的聲明，在程頤思想中很可能同時適用於
丈夫和妻子。而且，它也是對那種單純藉口經濟理由而輕視婚
姻真正意義的通常做法作出的批評。程頤曾讚許地引用他父親
決定娶一個守寡親戚的行為，並將此當作一種仁慈的表現❹。
這一事實表明，儘管程頤原則上反對再婚，但他並未把它看作
是不變的教條。

在宋明儒家所作的規定中，理想的婚姻關係乃是所有人際
關係中最基本的關係。他們認為，男女的婚姻關係產生了家庭
中所有其他紐帶關係❹，如果不能確立夫妻之間真正的互對關
係，家庭的和睦就會被破壞，社會的穩定也隨之被破壞。因此，
在凸顯婚姻關係的重要性時，所強調的是夫妻之間的義務，而
不是浪漫情愛。因此，對於將過多的注意力集中在婚姻的情感
方面的告誡，在宋明儒的文獻中很容易找到：

---

❸ 陳榮捷譯：《近思錄》，頁 177。

❹ 同上，頁 179。

❹ 這一主張所隱含的哲學思想是以《易》為依據的，即認「天地之
大德曰生」。參見陳榮捷：《中國哲學資料選集》，頁 268。

守其幽貞，未失夫婦常正之道也。世人以媒妁為常，故以貞靜為變常，不知乃常久之道也。❷

在儒家那裡，夫妻關係互對性的特徵常被稱為「敬」。在描繪和諧的夫妻關係時，通常用相敬如賓的說法。例如程頤就是這樣來概括他母親對父親的關係：「與先公相待如賓客。先公賴其內助，禮敬尤至；而夫人謙順自牧。」❸

就像所有其他的互對關係形式一樣，夫妻相敬的思想表達了一種深刻的倫理宗教含義。依據家庭的生育、維繫和延續等社會價值來解釋宋明儒的婚姻觀念，雖然基本上是正確的，但是，夫妻相互關係也應看作是夫妻雙方自我教育之不可缺少的組成部分。程頤讚揚他母親作為妻子的德行，我們不知道他是否對實際情況的複雜性作了某種簡單化的表述：

仁恕寬厚，撫愛眾庶，不異己出。從叔幼孤，夫人存視，常均己子。❹

儘管這裡反映的是一種男性中心的文化，然而，妻子在家庭人際關係形成過程中的積極參與，是得到充分認可和積極鼓勵的。所謂「內（指家庭）外（指公共領域）有別」的勞動分

---

❷ 陳榮捷譯：《近思錄》，頁 173。

❸ 同上，頁 179。

❹ 陳榮捷譯：《近思錄》，頁 179。

工，證明了妻子確實在家庭中發揮了不可缺乏的功能，扮演著重要角色。因此，程頤母親甚至在一些小事上都喜歡徵詢她丈夫的意見，這種舉動被視為對丈夫格外體貼的美德❹。毫無疑問，妻子或母親的終極的自我轉化，就像丈夫或父親的自我轉化一樣，為家庭及其社會提供了一個激勵人心的標準。

宋明儒家對妻子所設定的行為規範和前現代中國所接受的行為標準並不相同。儘管沒有確鑿的證據可以肯定，在 10 世紀出現的宋明儒文化，同當時流行的諸如婦女纏腳這種駭人聽聞的社會習俗之間存有因果聯繫，但認為宋明儒思想體系對於中國婦女社會地位的衰落負有相當大的責任，這一指責至今還不能說已完全洗清。的確，宋明儒主張按照既定社會角色來確立人在群體中應遵循的等級秩序，這種主張可能曾促使社會採納了那種我們似乎不能接受的性別上的區別分化政策。不過，正是人類狀況中的結構性限制（上文曾談到這種限制）為我們把社會看作高度分化的「有機統一體」提供了理論根據，而性別上的分化只是其中的一種而已。除此之外，人們在年齡、職業、財富、能力、名望、家庭關係等方面也是有分化的。人並不是由自己選擇而只是命定地成為某一個特定的人。但是承認人不可避免地處於種種原初的紐帶之中，絕不意味著承認宿命論，而是對人開始學習做人時所處的情境作出現實主義的理解。這種學習任務包括一個動態的生長過程，而不僅僅是屈從於指定

---

❹ 陳榮捷譯：《近思錄》，頁 179。

的社會角色。正是在這個意義上，作為妻子或母親，就像作為丈夫或父親一樣，情境化和非情境化之間的辯證的互動就能在她的自我實現的每一個階段創造性地發揮作用；而且也可像她的對應面——丈夫或父親——一樣，儘管（或許我們可以弔詭地說正是由於）有社會結構上的限制，她終於能夠通過發揮「程序上的自由」來實現她自身。

宋明儒家對於婦女角色的態度是依據於一種對社會的構想，在這個構想中婦女同男人一樣，可以積極地影響社會的道德素質。傳統的中國母親在培養和教育孩子，傳統的妻子在照料和管理家庭上所起的重要作用是絕不可低估的。一個女兒朝向負責的妻子和母親轉化就像一個兒子朝向負責的丈夫和父親轉化一樣，都是儒家文化極為關心的問題。其實，在宋明儒傳統的符號資源中，對於如何培養男女之間真正的互相關係，包含著豐富的真知灼見。宋明儒家所維護的那種功能性的宇宙論並不是一種擬人化的宇宙論，因此，它和男性統治的一套符號系統並無必然聯繫。由於在儒家的傳統中，缺乏完全制度化的、介於塵世和超越之間的組織（諸如教會），其自然結果就是不存在一種專門替男性精神主導辯護的神學論證。儘管婦女長時期地被排除在科舉考試和接受高層次教育之外，但這些做法卻不是由儒家的道德形而上學所規定的。相反，一個志同道合者的群體不僅是、而且也應當向全體成員開放的。每個人（不論男女）都具有達到與天地萬物為一體的潛能，這種普適性的宣稱不僅是宋明大儒思想上主張，而且也是他們精神上的承諾。

　　然而，我們又不能忽視這樣的歷史事實：儒家的社會毫無疑問是一個男性統治的社會。對兒子教育的關注遠遠超過女兒，丈夫的影響遠遠超過妻子，而父親的權威同樣明顯地超過母親。女人的三從思想，即年幼從父、出嫁從夫、年老從子清楚地表明，在那等級森嚴的社會中婦女地位是何等低下。當然，指責宋明儒作為一種意識形態是以男性為本位，等於引進一種現代女權主義的觀點。而這種觀點實在超出了大多數東西方的傳統論說所能想像的範圍。不過，倘若我們認真地將宋明儒的宗教觀當作一種有生命力的信仰，而不是僅僅視之為歷史陳跡的話，那麼，我們就必須批判那種過時的宋明儒意識形態，以便恢復其具有普遍意義的人道主義學說的深層含義。只有那時，當我們強調婦女在影響、塑造、領導未來儒家之道中的必要性及其好處時，才不會遇到神學或經文上的困難。朱熹或王陽明也許都未曾有意識地採取一種政策將婦女培養成精通儒家學說的人，但是，他們所留下來的整個遺教卻明顯地道出這樣的意向。儘管他們未必具備現代意義上的平等觀念，但是，那種認為他們出於階級偏見而阻止婦女及沒受過教育的平民成為完善的人的觀點，則是對他們所傳達的基本信息精神的誤讀。朱熹和王陽明堅持認為：丈夫與妻子之間主導的德行——「敬」，不僅是以勞動分工的思想為基礎，而且也是以相互理解與欣賞的價值為基礎的。而這一點就意謂著需要建立一種在功能上分化而實質上一致的男女關係。

　　在前面我曾提到，在宋明儒看來，人際關係構成其宗教性

的一個基本層面；作為一種終極的自我轉化，具有宗教情操或
宗教性必然導致積極地參與公共事務。如此理解的宗教意識不
僅是對一個人的自我認同與自我連續性的追求，也是對群體性
所做的同樣追求。弔詭的是，自我想取得終極轉化就必須沿著
按照血緣、族群、地域、歷史機遇等原始紐帶所規定的具體道
路前進。嚴格來講，如果自我不能為了道德修養將這些紐帶轉
化為完成修養的「工具」，那麼，自我便只能在完全被境遇化與
結構化的情況下去承擔預定的社會角色。但是，自我的創造性
作為道德上的動因，不可以只表現為對決定它作為各種關係中
心之情境與結構的超越。真正的正確取向既不是被動式地屈從
於結構上的限制，但也不是浮士德式地去觸發程序上的自由，
而是作出最大努力使二者的動態的互動能夠轉化為使自我得以
實現的富有成果的辯證過程。「為己之學」之所以具有倫理宗教
涵義，因為這種學是將人際關係中的倫理價值與追求個我親知
中的宗教精神之間的不可分割性作為它最為根本的觀念。

九、宋明儒學本體論初探

　　宋明儒思想的探究與立論方式很可能給人們以這樣的印象：形而上學或本體論的問題不是被歸為次要問題，就是被歸入道德範疇。對此，人們能輕而易舉地引用宋明儒「語錄」中師生之間的對話來加以證實。確實，表面看來，宋明儒家為強烈的充分實現自我，亦即「踐形」❶的意願所驅使，把自己的中心關切乾脆規定為一種無所不包的心理過程：即如何成為一個聖人。因此，什麼是聖人和為什麼要成聖，在宋明儒家那裡，似乎並不像如何才能成聖的問題那樣重要❷。於是，可以理解，通常的研究也就把宋明儒學基本上當作一種道德哲學來對待。

---

❶ 儘管這一表述最初出於《孟子》，即「形色，天性也。惟聖人，然後可以踐形」，但「踐形」這一概念是在宋明儒學文獻中才廣泛使用的。在字面上，它意味著使人的形體設計得以充分實現。這就表明，儒家的修身遠不是一種禁欲主義，而是以人（包括身心兩方面）的完全實現為目的的。見 D. C. Lau 譯本《孟子》，第 7 卷（上）第 38 章，頁 191。

❷ 關於這一觀點簡短的討論，參見杜維明：〈對儒學的一種整體研究〉，《第 14 屆國際哲學會議文集》(1968)，VI，頁 532–537。

儘管宋明儒家偶爾也會離開具體的日常生活問題,但它似乎總要返回到道德領域❸。因此,一般人多認為,宋明儒的思想只是在道德哲學領域才真正顯示出它的力量。

從這種觀點來看,宋明儒學對終極實有的討論,如周敦頤關於「太極」的論述和張載關於「太和」的思考,有時被說成僅僅是對佛教和道教形而上學挑戰所作出的回應而已。簡而言之,這種看法認為,這些儒學大師對這些問題基本上並無興趣,但他們被迫不得不對它們進行考察,因為佛教徒和道教徒已經發展出非常精密的形而上學體系,並依此定下了整個討論域的基調。除非同佛教徒和道教徒的形而上學的思辨方式直接對話,據說,儒家的地位便無法牢固確立。因此,宋明儒學思想家為了傳達自己的要義,出於戰略上的需要,學會了以形而上學方式討論問題的藝術。基於這一理解,宋明儒家的形而上學(如果還可以使用這一術語的話),至多也不過是為社會倫理學鋪路而已;而社會倫理學才是他們的真正主題。

儘管這樣一個從發生學角度所作的解釋在許多方面不能令

---

❸ 例如,已故漢學家艾特尼·巴拉茲 (Etienne Balazs) 就曾將全部中國哲學當作優秀的社會哲學來表現:「即使它試圖從世俗的世界中將自身分離出來,並表現出某些純粹的、超越的形而上學形式,但如果不認識到它遲早還會回復到原先的出發點的話,也是沒有希望理解它的。」參見他的〈漢代末年的政治哲學和社會危機〉,收入《中國文化與官僚政治》,H. W. 賴特英譯本,A. F. 賴特編 (New Haven: Yale University Press, 1964),頁 195。

人滿意，但它卻在很大程度上支持了一種流行很廣的觀點，即宋明儒的傳統只是中國倫理思想的傑出代表。根據許多教科書的說法，道教或佛教的神聖性同儒家的世俗性的簡單折衷，代表了中國人的心靈。這種觀點進一步強化了一種信念，即宋明儒學將其注意力集中在人的日常生活上，而根本不關心形而上學的本體問題。按照此種方式解釋的宋明儒思想似乎有點像後期斯多噶學派，即堅持人類生活的實踐的和道德的原則❹。

　　本文的目的在於對宋明儒的本體論作出分析。此分析基於一種信念，即宋明儒家的倫理學，當它力求形成做人的全面完整的方式時，確實有其本體論的構想作為基礎。否則，它的道德哲學將是不完全的，它的社會觀也將是沒有根據的。因此，本文的目的並不是針對那些關於宋明儒家的「常識」性的詮釋作系統的批判，而是要說明，如果我們對宋明儒倫理學的基本結構作一番認真考察，我們就會發現，正因為宋明儒的道德的和社會的思想是牢牢建立在一種高度整合的形而上學層次上，所以它們才具有與其他倫理學體系大不相同的涵意。

---

❹ 關於後期斯多噶學派的論述，參見 F. 庫帕里斯頓：《古希臘羅馬哲學史》(New York: Doubleday, 1962)，第 1 卷第 2 部，頁 172–181。有意思的是，就其格言性的表述而論，馬可·奧勒留的《沉思錄》同宋明儒學大師們的某些語錄是並行不悖的。

成聖的形而上學基礎

正像上文所說，宋明儒思維方式的一個明顯特徵是它對成聖這一問題的強調。在我們看來，作為人性之最高和最深的體現，成聖是宋明儒所關心的所有主要領域在哲學上的聚焦點，這種說法大約不算過分。大概正是在這一意義上，宋明儒將儒家的「學」和「教」標示為「聖人之道」。所以，從嚴格意義上講，宋明儒家並不只是「遵循」古聖人之道，而是要「體聖人之道」，以他們自己的生活方式去彰顯它❺。由此可見，聖並不是一種無法探知的理想，而是一種可以實現的人的存在狀況❻。被認為是宋明儒學創始人的周敦頤曾經明確地指出，聖可以通過學習獲得：

> 聖可學乎？
>
> 曰：可。

---

❺ 「聖人之道」也被認為是「身心之學」或「心性之教」。這三種說法所強調的都是，如何通過道德的自我修養成為一個聖人。

❻ 將這一說法與《孟子》中以下一段話相比是有趣的：「〔聖王舜〕由仁義行，非行仁義也。」（《孟子》，第 4 卷（下）第 19 章）在這裡，「由仁義行」的意思，是說舜已經將道德化育於他的生命之中，因此無須刻意將道德貫穿於實踐，而能不知不覺地踐履聖人之道。

曰：有要乎？

曰：有。

請問焉。

曰：一為要。一者，無欲也。無欲則靜虛動直。靜
虛則明，明則通；動直則公，公則溥。明通公溥，庶矣
乎！❼

這裡，我們暫不追究「無欲」是否為儒家自我實現的一種
本真方式，我只想指出，朱熹曾經對用「無欲」來界定精神的
專一狀態是否合適，深表懷疑❽。不管怎樣，堅持成聖的中心
地位，並且假定成聖能夠通過自我努力達到，則標示了宋明儒
傳統中各派思想的共識，並被認為是不言自明的，儘管他們對
「無欲」是不是精神修養的正確方法這類問題上，意見有嚴重
分歧，但是，宋明儒學中聖的意義要遠遠超出一種簡單的人的
品格理想。如果我們的探索僅僅佇留於心理學和倫理學的層次，
聖的意蘊就無法展示。誠然，周敦頤的確說過：「聖，誠而已
矣。」❾就其表面意義而言，這可以被解釋為：誠實就是成聖

❼ 參見《周子全書》，四部備要本（臺北：正中書局，1966 年再版
　本），第 20 卷第 4 章（下）。

❽ 朱熹的注釋，參見正誼堂叢書本 (1896)《通書》，或萬有文庫本
　《朱子全書》，頁 165。也可參見陳榮捷：《中國哲學資料選集》，
　頁 473–474。

❾ 《周子全書》，第 2 卷第 1 章（上）。

所要求的一切。但是，對「誠」絕對不能僅僅作心理學或倫理學的理解，恰恰相反，「誠」實際上是一個本體論的概念。因此，周敦頤繼續說：

> 誠，五常〔仁、義、禮、智、信〕之本，百行之源也。靜無而動有，至正而明達也。五常百行，非誠非也，邪暗塞也。❿

這裡的「誠」在英語中常被譯為 "sincerity"，另外也可譯為 "truth" 或 "reality" ⓫。這些英文詞彙畢竟都含有「真誠」、「真實」的意思，都意指一種不以表面貌似而以本體實在為依據的詩意般的深層感受。

周敦頤進一步指出，「誠、神、幾，曰聖人」⓬。當然，這可以被視為是對前面提到的「聖，誠而已矣」的進一步發揮。周敦頤借用《易·繫辭》中的話將「誠」界定為「寂然不動」，而把「神」界定為「感而遂通」。

> 寂然不動者，誠也；感而遂通者，神也；動而未形，

---

❿ 同上。參見陳榮捷：《中國哲學資料選集》，頁 466。

⓫ 我曾經在一篇對〈中庸〉學說的專題性研究文章〈中與庸：試論「中庸」〉（頁 106-141）中，對誠的概念作了一個一般性的分析。

⓬ 《周子全書》，第 4 卷第 1 章，參見陳榮捷：《中國哲學資料選集》，頁 467。

有無之間者，幾也。誠精故明，神應故妙，幾微故幽。⓭

同周敦頤著名的《通書》中的其他論斷一樣，這種表述方式不僅是宋明儒的思想特徵，而且也使人聯想起先秦儒學中孟子一脈的傳統。下面這段孟子的表述便是例證：

可欲之謂善，有諸己之謂信，充實之謂美，充實而有光輝之謂大，大而化之之謂聖，聖而不可知之之謂神。⓮

人們可以很容易從上述解釋中推斷出，即正如聖象徵著善、真、美、大的一種不斷的完善，神是聖更進一步的昇華。但是，正如朱熹所堅持的那樣，這裡所謂「神」決不意味著一種超出聖人之上的「神人」。確切地說，「神」所表示的是，聖人的轉化力是一般人所難以理解的⓯。這一思路與〈中庸〉的「道德

⓭ 《周子全書》，第 4 卷第 1 章，參見陳榮捷：《中國哲學資料選集》，頁 467。

⓮ 《孟子》，第 7 卷（下）第 25 章。應當注意，漢字「神」在英文中更多地被譯為 "spiritual"（精神）。

⓯ 參見朱熹在《四書集注》中對此所作的注釋。引自史次耘注釋的《孟子今註今譯》（臺北：商務印書館，1973 年），頁 403 注⑦。應當注意到朱熹在作出這一評論時，是以程子（程顥或程頤）的一段表述來證明自己的觀點的。

形而上學」是完全一致的：

> 唯天下至誠，為能盡其性；能盡其性，則能盡人之
> 性；能盡人之性，則能盡物之性；能盡物之性，則可以
> 贊天地之化育；可以贊天地之化育，則可以與天地參
> 矣。❶

因此，可以認為，周敦頤貌似簡單的表述，即「聖，誠而
已矣」，實際上是以一種充分發展的形而上學構想為基礎的。當
然，成聖作為一種體驗的方式而不是作為一種抽象的原則，並
不是沒有心理學和倫理學的含義的。不過，由於它不僅是一種
關於人生的最深層意義的觀念，而且也是一種關於終極存在的
觀念，因而，就應當從更加廣闊的角度來理解和把握它。確實，
無論人們怎樣強調它的心理學和倫理學的重要性，聖的概念在
宋明儒的思想中總是以一種形而上學的結構為基礎的。只有這
樣，像「誠」、「神」以及「幾」等概念才能與聖相契。

---

❶ 〈中庸〉，第 22 章。陳榮捷：《中國哲學資料選集》，頁 107–
108。「道德形上學」的概念是牟宗三根據康德的《道德底形而上
學的基礎》一書發展而來的；參見牟宗三：《心體與性體》（臺
北：正中書局，1968 年），卷 3，頁 115–189。

與康德式設問方式的比較

根據以上分析，儘管人們可以把宋明儒的精神導向解釋為某種形式的哲學人類學，但成聖的形而上學基礎則必須被理解為一種倫理宗教性的慧識所達至的最終成果，此時道德與宗教之間的通常區別只是一種啟發思考的手段而已。成聖的中心問題是：我是誰？我能成為什麼？換言之，成為人究竟意味著什麼？儘管宋明儒大師們似乎並不是完全以這種方式提出問題，可是如果我們對他們主要關心的問題作一番扼要考查，便完全可以證明這一點。

在這方面，據說孔子的最得意門徒顏淵首先提出的問題最具有啟發意義：「舜，何人也？予，何人也？有為者亦若是。」❶❼為了揭示顏淵這一設問的哲學含義，程頤寫下了題為〈顏子所好何學論〉的著名論文。儘管看起來他的回答很簡單：「學以至聖人之道」，但程頤詳盡地闡述了為什麼每個人本質上都是聖人，因而實踐中很有可能成為聖人。程頤的論證，如下文所示，和周敦頤的思想實質完全相通：

> 天地儲精，得五行（水、火、木、金、土）之秀者為人。其本也真而靜，其未發也五性（仁、義、禮、智、

---

❶❼ 《孟子》，第 3 卷（上）第 1 章。

信）具焉。⓲

因此，程頤繼續寫道：「凡學之道，正其心，養其性而已。中正而誠，則聖矣。」⓳

在這裡，我們不妨做一番比較研究。就目前為止我們已經進行的討論而言，宋明儒所提出的問題，似乎和康德所提出的三個問題中任何一個都沒有直接的聯繫。這三個康德式的問題是：

1.我能知道些什麼？

2.我應該做些什麼？

3.我可以期望些什麼？

誠然，就我們上面所提到的，宋明儒的關切也許可以包含於第二個問題之中，因為這些關切似乎都可歸屬於有關人格和道德選擇自由的人類活動的範疇裡去。人們可能會由此得出結論說，宋明儒只專心一意於心理方面，而不集中注意宇宙論或是神學問題。然而，這種未經論證的主張，不僅對於宋明儒的形而上學，而且對於康德的道德觀都是極不確當的。

⓲ 關於顏淵（顏回或顏子），參見《論語》，第 6 篇第 2 章。這篇完整的文章可以在《伊川文集》卷 4 中找到。根據朱熹的分析，這篇文章是程頤只有 18 歲時撰寫的；參見《朱子語類》（1880 年版），卷 93 第 9 章。姚明達堅信，這篇文章的撰寫時間可能更早；參見他的《程伊川年譜》，頁 16。上述資料均出自陳榮捷：《中國哲學資料選集》，頁 547。至於譯文亦見頁 547。

⓳ 參見陳榮捷：《中國哲學資料選集》，頁 548。

　　康德在他的《道德底形而上學的基礎》一書中堅持認為，義務（純粹的道德性）之根據「絕對不能從人的本性或人所置身於其中的環境中去尋找，而只應先驗地到純粹理性的概念中去尋找」❷⓪。如果撇開術語的翻譯和能否對應問題不說，這似乎與宋明儒所謂道德是深深地植根於人之本性的主張相矛盾。康德強調，「有絕對的必要去建構一種純粹的道德哲學，這種道德哲學必須完全從一切可能是經驗的、因而屬於人類學範疇的事物中解脫出來」❷①。然而，宋明儒卻堅信道德修養是與把人作為一個整體的、「自然的」存在並據以進行自我理解這一點無法分開的。但是，上述這些分歧僅僅只觸及皮毛而已，兩者之間在實質上還存在著更為根本的差異。

　　從宋明儒的立場來看，似乎康德所特別不放心的是一種隱祕的、甚至通過最徹底的反省也無法發現的動機。因為那個「可親的自我」能夠躲過最嚴格的檢查，始終成為潛藏於我們的思想和理想背後的一種強大力量，雖然人們往往會錯誤地認為這些思想和理想只接受善良意志的支配❷②。所以，義務發出的嚴峻的絕對命令（它往往要求自我克制）便成為道德行為的唯一基礎❷③。而這一點所依據的信念是，「理性自身會下達應當去做

---

❷⓪ 伊曼努爾·康德：《道德底形而上學的基礎》，劉易斯·懷特·貝克英譯本 (New York: The Bobbs-Merrill Co., 1959)，頁 5。

❷① 伊曼努爾·康德：《道德底形而上學的基礎》，頁 5。

❷② 同上，頁 23。

❷③ 同上，頁 23–24。

什麼的命令,而無須依賴任何現象經驗」❷。大概康德生怕意志自身不能和理性保持一致,所以才確立了絕對命令——一種作為理性下達的命令而起作用的客觀原則❷。由於絕對命令或道德律令「並不關心行為的內容和它所預期的後果,而是關心行為及其後果所由以發生的形式和原則」,因此,它可被視為一種實踐的普遍法則,而不僅僅是一種意志的原則❷。

康德再三提醒我們,不要認為這種法則的實在性能夠從「人性的構成」中推導出來❷。確實,「我們應當絕不嫌多地經常不斷地提防自己,不要讓懶散甚至卑鄙的思想方式想從來自經驗的動機和法則中去尋找原則,因為人類理性在困乏疲弊之時就喜歡靠在這個枕頭上休息一下」❷。所以,或作絕對命令,不論是作為普遍的立法形式據以行事,還是作為一種理性存有者獨具的能力自身,都必須「從它們的立法權威中排除掉所有混雜有任何利害因素的動機」❷,強調這一點是十分重要的。它使康德作出下列斷言:

---

❷ 同上,頁 24。

❷ 同上,頁 29–30。

❷ 同上,頁 33。關於對實踐法則觀念所作的簡要討論,參見同書頁 3。

❷ 同上,頁 43。

❷ 伊曼努爾·康德:《道德底形而上學的基礎》,頁 44。

❷ 同上,頁 50。

人只受制於他自己的立法，但這種立法，同時又具
有普遍性；他必然要按照自己的意志行事，但是這個意
志卻是自然所設計，以便使之成為一種創制普遍法則的
意志。⓾

從這種背景出發，康德就提出「意志自律」的原則和「目的的
國度」的概念。

海德格爾評論康德時，說他在《純粹理性批判》第二版中，
「出於畏懼，從把想像力圖式化所打開的人類主體性深淵前退
卻了」㉛。不論此說是否妥當，他對康德的問題性的看法卻是
值得注意的：

通過建立一般形而上學的基礎，康德首先對本體論
形而上學知識的「普遍性」(universality) 的品格有了清
楚認識……在他同只能起鎮痛作用的、膚淺的、在道德
哲學中占統治地位的經驗論的鬥爭中，康德越來越重視
他所確立的先驗與經驗之間的區別。並且，由於主體的
主體性之本質就存在於人的品格之中，而人的品格又與

⓾ 同上，頁 51。

㉛ 詹姆士·科林斯 (James Collins) 的論述，參見他的《現代哲學解
釋》(Princeton: Princeton University Press, 1972)，頁 310。也可參
見海德格爾：《康德和形而上學問題》，詹姆士·S·克切爾英譯
本 (Bloomington: Indiana University Press, 1962)，頁 222。

道德理性是一回事，故而純粹知識和純粹（道德）行為的合理性必須得到肯定。所有純粹的綜合，甚至所有一般的綜合，只要同自發性有關聯，都得仰賴一種能力，這種能力，嚴格地說，是自由的——它指的就是積極主動的理性。 ❸❷

海德格爾認為，在三個康德式問題之外必須加上第四個問題，即「人是什麼」，這是很有啟發意義的 ❸❸。但是，根據上面的討論，我們至少可以懷疑康德所指的形而上學是否可以順理成章地歸屬於「人性」範圍 ❸❹。當然，由於他強調「無論是最深奧的哲學還是最通俗的推理」，都不可能 「把自由消解掉」 ❸❺，因而，在某種意義上，康德已經將他的「先天綜合的實踐的命題」建構在「內在的人」的基礎之上。但是，即使「內在的人」、或「真正的自我」確實存在的話，康德是否也相信人的智力能真正認識它，也是很成問題的。他說：

---

❸❷ 海德格爾：《康德和形而上學問題》，頁 173–174。（以下該書簡稱《康德》）

❸❸ 同上，頁 214–215。

❸❹ 同上，頁 214–215。

❸❺ 注意到這一點是很有意義的：儘管康德明確表示絕對命令不可能源出於人類本性的結構（《道德底形而上學的基礎》，頁 43）。但是，海德格爾卻認為，形而上學以及為我們所關心的形而上學的功能都根源於「人類的本性」（《康德》，頁 176）。

從主觀上不可能解釋意志自由，正如不可能發現和解釋人為什麼能對道德律感到興趣。然而，人確實對道德律感到興趣，我們把這種興趣在我們身上的基礎稱之為道德情感。這種道德情感被某些人錯誤地當作道德判斷的標準，其實，它更應當被視為道德律對意志所產生的主觀效果，而只有理性才為意志提供客觀依據。❸❻

人性的本體論地位

誠然，海德格爾曾想發現「人的本質問題和建構形而上學兩者之間的〔基本〕聯繫」❸❼，並據之以描述康德建構形而上學基礎的真正成果。但是，不容否認，他的論證是非常吃力的。並且，海德格爾自己也承認，「這一問題〔人是什麼？〕的不確定性表明，甚至直到現在，我們也還沒有把握住康德建構形而上學基礎的明確成果」❸❽。但是，正如我們已經看到的那樣，在宋明儒的思想中，人性與本體實有之不可分割構成他們的出發點。這並非意味著，宋明儒的設問方式只要借用海德格爾的語言就能得到更好的理解和評估。實際上，新亞研究院的牟宗三教授，在他的深刻的專著（《智的直覺與中國哲學》）中就曾明確指出，海德格爾把他的基本本體論建立在發展「此在」的

---

❸❻ 海德格爾：《康德》，頁 79–80。

❸❼ 同上，頁 220。

❸❽ 同上，頁 221。

形而上學基礎上,這同宋明儒所堅持的人類本質的「非時間性」(non-temporality) 是不相容的 ❸。不過,我們在這裡不只是為了通過哲學體系的類型分析來描述其中的相似性和不同點。我們的任務是要找出兩種根本不同的設問方式之間的「對話」如何深化我們對自己所選擇的本體論取向之局限性與優點的認識。

張載在一篇非常有名的短文裡簡練地陳述了宋明儒的立場:

> 乾稱父,坤稱母;予茲藐焉,乃混然中處。故天地之塞,吾其體;天地之帥,吾其性。民,吾同胞;物,吾與也。❹

這一有說服力的和精練的表述表面上似乎只提出一種「有

---

❸ 關於牟宗三對這種情況的解釋,參見他的《智的直覺與中國哲學》(臺北:商務印書館,1971 年),頁 346–347。應當指出,儘管在他的《心體與性體》(1968 年)中,牟宗三教授幾乎沒有提到海德格爾,但他最近的《智的直覺與中國哲學》則將海德格爾對康德的反思作為研究的出發點;參見《智的直覺與中國哲學》,頁 24–59。

❹ 這段文字乃〈西銘〉的開場白,最初稱為〈訂頑〉。該文銘刻在張載書房的西牆,因此,程頤後來給了它一個新題:「西銘」。參見陳榮捷:《中國哲學資料選集》,頁 497;也可與頁 497 的注釋②相比較。應當指出,這段文字黃秀璣曾有不同的英譯文。參見他的〈張載的道德觀〉,載《東西方哲學》,1971 年第 21 期,頁141。

機論的」觀點，即人類乃是宇宙整體的不可分割的一個組成部分❹。毫無疑問，人類存在在本質上同天地萬物相聯繫，這正是張載的基本觀點，所以，可以籠統地說，他提出的觀點與西方學者的有機論互相契合。但是，〈西銘〉這篇眾所周知的短論，首先表述的則是人的本體論地位。

如此界說的人不只是一種按其定義說對自身存在之本體論根據一無所知的生物。作為天地之造化（他們被賦予宇宙的精華），人性體現了宇宙創造過程中最精緻部分❷。這一思想完全符合〈中庸〉「天命之謂性」的觀點❸。正是在這樣的意義上，張載提醒我們，不管我們發現自身是無涯的宇宙中多麼微小的存在物，但是，每個人在其中不僅擁有一個落腳點，而且擁有一個親密無間地位。因此，我們都潛在地是宇宙的監護人，應該說是宇宙的共同創造者。按照這種關於人的整體性見解，創造者與被創造者之間的本體論上的斷裂似乎是難以想像的。這裡不存在基督教神學所謂「墮落」後的狀態，也不存在一種疏

---

❹ 李約瑟博士對於這一點曾有過精彩的表述。他將宋明儒的宇宙論特點表述為「有機論」。參見他的〈科學思想的歷史〉一文，該文收入《中國的科學與文明》(Cambridge: Cambridge University Press, 1969)，卷 2，頁 412、502。雖然在這裡李約瑟僅僅提及程朱之學（或新理學）的「有機自然主義」，但我們能充分地證明陸王之學（或心學）也同意這樣的宇宙觀。

❷ 實際上，周敦頤曾說：「唯人也，得〔五行之〕秀而最靈。」參看周子《太極圖說》。

❸ 〈中庸〉，第 1 章。

離了人的原初本性後所產生的根深蒂固的異化現象。同時,那種將人視為自然的操縱者和征服者的觀點似乎也被排除在外❹。

這種對於天、地、人、與萬物之和諧統一的、貌似天真的信仰,是以張載所謂「太和」的宇宙論為依據的。但是,如果我們明晰地分析張載所說的宇宙,那麼,它與其說是天真純淨的花園中的甜美吟唱,毋寧說是雄渾大海的洶湧波濤:

> 〔太和所謂道,〕中涵浮沉、升降、動靜、相感之性,是生絪縕、相蕩、勝負、屈伸之始。其來也幾微易簡,其究也廣大堅固。起知於易者乾乎!效法於簡者坤乎!❺

在張載的這一整套的概念中,《易經》的影響是顯而易見的。上面這種比喻所提示的決不是一種靜止的而是一種動態的轉化過程,這一見解在張載的「太虛即氣」的命題中也表現得很清楚,「其聚其散,變化之客形爾」❻。

不過,人們也許會錯誤地認為,既然宇宙是處於一個不斷運動變化的過程之中,那麼,以恆定不變的概念來解釋張載的宇宙論是難以成立的。但是,事實上,他曾明確地指出,「氣之為物,散入無形,適得吾體;聚為有象,不失吾常」❼。這是

---

❹ 參見〈中與庸:試論「中庸」〉,頁 1–2、19–22。

❺ 《正蒙》,第 1 卷第 1 章。參見《中國哲學資料選集》,頁 500。

❻ 同上,頁 501。

因為 「天地之氣， 雖聚散、 攻取百塗， 然其為理也順而不
妄」❽。所以，這段論述的基礎是被認為出於張載的著名命題，
即「理一分殊」 ❾。

張載這一見解意味著，現象世界展現出無限多樣的動態的
交互作用，萬事萬物由此而得以生成。然而，那種由一個完全
超出人類智力所能理解的超自然的存有進行有意識設計的創造
行動（這無疑是對基督教神學教義的一種比較簡單化的理解），
則與張載的宇宙論是絕對不相容的。同那種認為神可以從無中
創世的思想相反，張載思想中的轉化乃是一個生生不已的創造
過程。因此，事物之所以獲得存在，並非由於某種神祕力量的

❼ 同上，頁 501。

❽ 同上，第 1 卷第 2 章。《中國哲學資料選集》，第 2 章，頁 501。

❾ 「理一分殊」的觀點，曾對宋明儒家的思想有過巨大影響。但
是，這一富有生命力的觀點的寓意，必須放在張載的哲學背景中
方可理解。關於這個問題，有一些頗有裨益的論述。見唐君毅：
〈張載關於心的理論及形而上學之基礎〉，載 《東西方哲學》，
1956 年第 6 期，頁 113–136；唐君毅：《宋明儒家的精神及其發
展》，載 A. 納內斯、A. 漢尼等編著的 《中國哲學介紹》 (Oslo:
Universitetsforlaget, 1972)，頁 56–83；黃秀璣：〈張載的氣的概
念〉，載《東西方哲學》，1968 年，SVIII，頁 245–259；黃秀璣：
〈張載的道德觀〉，載《東西方哲學》，1971 年第 21 期，頁 141–
156；陳榮捷：〈宋明儒家對惡的理解〉，載《獻給胡適 68 歲生日
的研究論文集》（臺北：中央研究院，1957 年），頁 780–783；陳
榮捷：《中國哲學資料選集》，頁 495；李約瑟：《中國的科學與文
明》，卷 2，頁 472–485。

塑造，而是一種不斷分化過程的結果。在這個意義上，一事物只有當它達到了某種經過分化的狀態時，才成為一事物：

物無孤立之理，非同異、屈伸、終始以發明之，則雖物非物也；事有卒乃成，非同異、有無相感，則不見其成，不見其成則雖物非物，故〔《易經》曰〕「一屈一伸，相感而利生焉」。(50)

但是，一事物要達到自身的存在的狀態，還必須盡力實現它自身，不能只是聽任事物自己去自然生長。這是以下面這段話為依據的：

誠有是物，則有終有始；偽實不有，何終始之有？故〔〈中庸〉〕曰「不誠無物」。(51)

人們或許可以提出疑義，認為這是把自然領域裡的問題轉換成了道德問題。但是，採用自然現象道德化的觀點來詮釋這種思路，很可能引起誤導。這種思路要闡明的，如果用海德格爾的話說是：「盡力使『在』展示其自身。」(52)不管這種思想是

---

(50) 《正蒙》，第2卷第16章。陳榮捷：《中國哲學資料選集》，頁515。

(51) 陳榮捷：《中國哲學資料選集》，頁508。引自〈中庸〉，第25章。

(52) 海德格爾：《形而上學導論》，R. 曼海姆 (Ralph Manheim) 英譯本

否僅僅「代表一種正在蒸發汽化的實有所剩下的最後的一抹雲霧」❸，對張載來說，對諸如「太虛」這樣一些「至上概念」的思考，乃是理解具體事物之真實含義的可靠途徑。

因此，注意到這樣一點是非常重要的，即張載提出「理一分殊」時，他決不是主張一種二元論。與此相反，他卻認為「氣之聚散於太虛，猶冰凝釋於水」❺。並且，張載進一步指出：「知太虛即氣，即無無。」❺這種思維模式顯然對人這個概念具有深意：即人性和物性都存在於太虛和氣的統一體之中❺。依據這樣的基本假設，張載堅持認為：「性者，萬物之一源，非有我之得私也。」❺所以，在一段非常有趣的文章中，張載對人的本體論狀態作了如下的描述：

> 天性在人，正猶水性之在冰，凝釋雖異，為物一也；受光有小大、昏明，其照納不二也。❺

(New York: Doubleday, 1961)，頁 34。

❸ 海德格爾引自〈偶像的衰落〉，見《尼采全集》(Edinburgh and London: Heinemann, 1911)，卷 16，頁 19。參見《形而上學導論》（英譯本），頁 29。

❺ 參見陳榮捷：《中國哲學資料選集》，頁 503。

❺ 同上。

❺ 同上，頁 504。

❺ 陳榮捷：《中國哲學資料選集》，頁 508。

❺ 同上，頁 509。

　　誠然，正如陳榮捷教授曾指出的那樣，張載關於「虛」的哲學思想從未被後世的任何宋明儒家所傳播❺❾。儘管如此，張載的設定，即既然人人都被賦予了天地創化的同一本質，所以每個人都具有充分體認至高存在的內在能力，他的這一觀點仍然鮮明地表現出宋明儒思想的特點❻❶。

仁作為根本問題

　　在〈識仁〉一文中，程顥強調指出，真正的仁實際上是「渾然與物同體」。為了強調人們具有理解和體驗終極存在的內在能力，程顥進一步指出，「〈訂頑〉意思，乃備言此體」❻❶。這樣設想的仁不僅是內心最深層的感受性，而且也是對遍潤萬物的關懷。程顥將中醫所謂癱疾稱之為「不仁」，他運用如下的類比來說明這一點：

❺❾ 同上，頁 504–505。

❻❶ 朱熹認為理只是性，心是氣之靈者，因此他是否與宋明儒中陸王一系思想家同樣程度地強調人有能力依靠自我努力達到聖人境界，這一點的確還有些問題。但是，不可否認，儘管朱熹一再強調學的重要性，他卻強烈相信每個人都具有充分地理解和體驗最高實在的內在能力。 在這一點上， 對朱熹立場的發人深省的理解，參見牟宗三：《心體與性體》，卷 3，頁 464–485。

❻❶ 〈識仁〉一文收在《二程遺書》中。參見陳榮捷：《中國哲學資料選集》，頁 524。

　　仁者以天地萬物為一體，莫非己也。認得為己，何
所不至？若不有諸己，自不與己相干。如手足不仁，氣
已不貫，皆不屬己。❻❷

　　粗看起來，這一論述所指的似乎是「一個取消了一切客體
的主體，並將客體轉化為純粹的主體性」❻❸。然而，這並不是
在為主觀主義甚或是人類中心說作辯解，程顥在這裡所試圖表
達的只是「人與天地一物也，而人特自小之，何耶？」❻❹事實
上，他曾直率地承認「天地之間，非獨人為至靈，自家心〔本
質上〕便是草木鳥獸之心也」❻❺。因為，一旦某一事物產生出
來，它就必然地擁有那完備的理❻❻。所以，孟子所謂「萬物皆
備於我」的觀念不僅適用於人，而且同樣適用於物❻❼。其中的
區別僅僅在於人能將此理從自己推及外物，而一般來說，物則
做不到這一點。儘管如此，程顥又指出「雖能推之，幾時添得
一分？不能推之，幾時減得一分」❻❽。

---

❻❷ 〈識仁〉，陳榮捷：《中國哲學資料選集》，頁 524。

❻❸ 海德格爾：《形而上學導論》，頁 117。（以下該書簡稱《形而上學》）

❻❹ 陳榮捷：《中國哲學資料選集》，頁 539。

❻❺ 同上，頁 527。

❻❻ 同上，頁 533。

❻❼ 這段表述的完整引文如下：「萬物皆備於我矣。反身而誠，樂莫
　　大焉。強恕而行，求仁莫近焉」。參見《孟子》，第 7 卷（上）第
　　4 章。

❻❽ 陳榮捷：《中國哲學資料選集》，頁 534。

程顥還進一步評述道：就存在的狀態而言，「人之情各有所蔽，故不能適道。大率患在於自私而用智。自私則不能以有為為應跡，用智則不能以明覺為自然」❻❾。雖然程顥一再告誡他的學生（指學習做人的學生）不要遠求，而是要向自身內部尋求天理，以便通過修身來擴展自己的人性❼⓪，但他決不會否認海德格爾提出的富有啟發性的「適時，即適合的瞬間和適合的堅持不懈」❼①的必要性。用程顥自己的話來說就是「未嘗致纖毫之力」❼②。其實，孟子早已明確地表述了這一思想：「必有事焉而勿正，心勿忘，勿助長也。」❼③

程顥的方法，即由養性以達到自我和他者的一致❼④，與海德格爾所謂「俟候」概念有某些相似之處。當然，海德格爾面對現代人「對『在』的遺忘」所導致的本體論挑戰做出自己的回應，此回應代表著一種頗不同於宋明儒家所堅持的理（「在」）與性（人）不可分離的思維方式。但是，程顥所告誡的「穿鑿繫累，自非道理」，和「〔道與理〕一旦為私心所蔽，則焰然而餒，卻甚小也」❼⑤，卻使我們回想起海德格爾關於人是怎樣變

---

❻❾ 同上，頁 526。

❼⓪ 同上，頁 532。

❼① 海德格爾：《形而上學》，頁 172。

❼② 陳榮捷：《中國哲學資料選集》，頁 524。

❼③ 《孟子》，第 2 卷（上）第 2 章。

❼④ 陳榮捷：《中國哲學資料選集》，頁 524。

❼⑤ 陳榮捷：《中國哲學資料選集》，頁 532。

得與「在」相疏遠的一段頗有見地的議論：

> 他們在〔所謂〕本質中進行反覆探討，總是假定那
> 最能捉摸到的東西正是他們所必須把握的東西，因而每
> 個人所把握的正是那最接近於他的東西。一個人執著於
> 這樣，另一個人卻執著於那樣。每個人的意見 (Sinn) 都
> 以他自己 (eigen) 為轉移；這就是固執己見 (Eigen-Sinn)。
> 這種固執己見，這種執拗，使他們無法伸展出去觸及那
> 在自身中被聯結在一起的東西，使他們不能成為一個順
> 事而動的人 (Horige)，並從而虛懷傾聽 (horen)。❼⑥

與此相類似，程顥評述道：「人只為自私，將自家軀殼上頭
起意，故看得道理小了佗底。放這身來，都在萬有中一例看，
大小大快活！」❼⑦而「那在自身中被聯結在一起的東西」正是
使那「萬物〔形成〕一體」的理❼⑧。

在這裡，程顥所提倡的也正是他的老師周敦頤和他的表叔
張載的思想：即儘管在日常生存狀態中，每個人都是有限的；
但從本體論意義上看，人「體現」及領悟最高實在的能力是無
限的。「仁人所以事天誠身，不過已於仁而已」❼⑨。從根本上

❼⑥ 海德格爾：《形而上學》，頁 110。
❼⑦ 陳榮捷：《中國哲學資料選集》，頁 533。
❼⑧ 同上，頁 533。
❼⑨ 同上，頁 508。應注意這裡已經做了一些刪除，最初的原文是：

講，這種人性觀不同於巴門尼德把人看作是歷史的存在（即作為存在的歷史的監護者）的思想，對於這種思想海德格爾曾為之歡呼並稱之為西方關於人的極為重要的定義❽。宋明儒思想中的主導觀點既不是歷史性，也不是時間性，而是作為終極實有之顯現的（非時間性的）人性的自我展示。或許這就是牟宗三所確認的關於中國人思維方式的基本假設，即在所有人的秉賦中都有一種「智的直覺」能力。

的確，宋明儒全神關注成聖之道，便是「智的直覺」發生作用的突出例證。張載的下列論述正反映了這一點：

> 大其心則能體天下之物〔格物窮理〕，物有未體，則心為有外。世人之心，止於聞見之狹。聖人盡心，不以見聞梏其心，其視天下無一物非我。孟子謂盡心則知性知天以此。天大無外，故有處之心不足以合天心。見聞之知，乃物交而知，非德性所知；德性所知，不萌於見聞。❽

這種可能性，即認為人可以體驗世界上所有事物，人只需通過人的道德本性而無需通過見聞的感知活動就可獲得知識，這在康德哲學中是決不容許的。實際上，在康德看來，這種把

「仁人孝子所以事天誠身，不過已於仁孝而已」。

❽ 海德格爾：《形而上學》，頁 119。

❽ 陳榮捷：《中國哲學資料選集》，頁 515。

握物自體的智的直覺是人類所不可能具有的。

康德關於人不可能通過智的直覺來領悟物自體的思想，似乎不僅是他特有的哲學見解，同時也是西方思想的一個基本假設。當然，按照海德格爾的解釋，康德之所以從原則上說就不可能真正完成「基本本體論」(fundamental ontology)，在某種程度上是同下面這種情況有聯繫：

> 在最寬泛的意義上講，原因在於康德不能或根本不願意從客體性的形而上學中擺脫出來，即從那種認為「在」的意義可以經由「作為主體性之客體」這種關係予以恰當規定這一假設中擺脫出來。❷

然而，正如恩斯特·卡西爾 (Ernst Cassirer) 指出的那樣，康德被說成是「從外在世界的形而上學的實在論轉而關注人，關注人的有限性的基礎，以及關注人的有限性與存在問題的關係，人由於自身本體論上的結構勢必會提出這個存在問題」❸，這種說法基本上是海德格爾強加給康德的哲學意旨的❹。

---

❷ 詹姆士·科林斯：《現代哲學解釋》，頁 301。

❸ 《現代哲學解釋》，頁 201–203。

❹ 關於卡西爾批評海德格爾對康德所做的解釋，以及其他海德格爾學派的命題的概要，參見卡爾·H·漢姆博格：《卡西爾—海德格爾研究文選》，載《哲學與現象學研究》，第 25 集 (1964–1965)，頁 208–222。

　　這裡應當指出，像費希特一樣，胡塞爾也曾經尖銳地批評康德的錯誤，因為康德無法承認或拒絕承認人對活動中的自我擁有直覺知識❽。用詹姆士・科林斯 (James Collins) 的話說，胡塞爾是這樣批評康德的：

　　　　康德式的方法是逆推式地重建在科學的客觀性的模式中進行判斷之所以可能的條件，這種方法所缺少的，恰恰是「智的直覺」，這種「智的直覺」能夠使這種方法不至於完全迷失在客觀性之中，並且可以使之完成向主體性生命的轉向。因此，康德所缺少的正是對自我的先驗生命的體驗，即缺少對「我即實有」的體驗——而這種「我即實有」並不只是與客觀世界一端相對立的自我一端。❻

　　且不管胡塞爾的「先驗現象學」是否既能提供對純粹自我的理解方法又能提供對純粹自我進行反思的體驗，康德哲學的中心問題，推而言之，西方哲學的最重要問題，在這裡是被點明了。

　　宣稱宋明儒的「簡易」工夫基本上就在於把智的直覺當然地視為人的內在能力，很可能不會滿足胡塞爾或海德格爾一類哲人的批判精神的要求。但是，就像牟宗三所指出的那樣，如果認真地對待這種思維方式，且不管如何稱謂它，人們也許會

---

❽　《現代哲學解釋》，頁 295。

❻　《現代哲學解釋》，文中引號為增加部分。

發現，它在提出一種哲學構想時卻頗有潛力，這種構想如果和
胡塞爾式的先驗現象學或海德格爾式的本體論相比，更接近康
德當初的灼見❽。

如上文所說，我們必須在哲學的三個主要問題之外，加上
第四個康德式的問題：即人是什麼？我們可以進一步辯說，正
如海德格爾對康德哲學的反思中所說，倘若從哲學問題的重要
性來講，人性問題實際上應先於知的問題（認識論）、行的問題
（心理學）和期望問題（神學）。當然，這決不意味著只有關於
人的科學（人類學）才是哲學的基礎部分。不僅在海德格爾的
思想中，在宋明儒的思想中也同樣內含著一種必要性去探究人
的問題同肇定形而上學基礎的內在關聯。然而，海德格爾的注
意力集中在人的有限性上，並且由此集中在作為「時間性」的
「此在」(Dasein) 的重要意義上，而宋明儒思想中的主導視角
卻落在通過天人的絕對統一實現人性。這樣，宋明儒家的中心
問題是：怎樣才能真正認識我之真我？或者用上文的話：我怎
樣才能培養我的智的直覺能力，作為我之真我的呈現，也作為
我對宇宙根本的一體性的參與？借用牟宗三的話，這個問題也
可簡述為：人的智的直覺在本體論上如何可能❽。

---

❽ 參見牟宗三：《智的直覺與中國哲學》，頁 184–202。雖然牟教授
　在他現有的公開出版物中似乎沒有討論過胡塞爾的現象學，但在
　《現象與物自體》的論著中，他對康德的問題予以專門的討論，
　並涉及到對海德格爾和胡塞爾的批評。

❽ 牟宗三：《智的直覺與中國哲學》，頁 157。

杜維明論著編年

1968 年

〈仁與禮之間的創造性張力〉，載 《東西方哲學》 (*Philosophy East & West*)，18: 1–2（1–4 月），頁 29–39。

〈尋求自我實現：王陽明思想形成時期研究 (1472–1509)〉，1968 年向哈佛大學「歷史與遠東語言博士學位委員會」提交的學位論文。

〈對儒學的一種整體研究〉，提交第 14 屆國際哲學討論會的論文，《第 14 屆國際哲學會議文集》(*Akten des XIV Kongresses fur Philosophie*)（維也納，1968 年 9 月 2–9 日），第 6 卷，頁 532–537。

1970 年

《傳統的中國》，與劉子健合編（新澤西：學徒堂），頁 179。

《三年的畜艾》（臺北：志文書局），頁 191。

〈從宋明儒學的觀點看「知行合一」〉，收入《哲學：理論與實踐》〔馬德拉斯世界哲學國際會議文集， 1970 年 12 月 7–17 日〕 (*Philosophy: Theory & Practice* [Proceedings of the International Seminar on World Philosophy, Madras, December 7–17, 1970])，T. M. P. 馬哈德文編，頁 190–205。

1971 年

〈宋明儒學的 「人」 的概念〉，載 《東西方哲學》 (*Philosophy East & West*)，21: 1（1 月），頁 79–87。

〈心靈與人性〉，書評論文，載 《亞洲研究雜誌》 (*Journal of Asian Studies*)，30: 3（7 月），頁 642–647。

1972 年

〈作為人性化過程的禮〉，載《東西方哲學》(*Philosophy East & West*)，22: 2（4 月），頁 187–201。

1973 年

〈日本天理大學藏「王陽明講學答問並尺牘卷」初探〉，載《大陸雜誌》，156: 2（8 月）。

〈主體性與存有論的實在——王陽明思維模式闡述〉，載《東西方哲學》(*Philosophy East & West*)，23: 1–2（1973 年 1–4 月），頁 187–205。

〈王陽明答周道通書五封〉，載《大陸雜誌》，157: 2（8 月）。

〈論孔子人格之精神發展〉，載《思與言》，11: 3（9 月），頁 29–37。

1974 年

〈時間與時間性初探〉，載《東西方哲學》(*Philosophy East & West*)，24: 2（4 月），頁 119–122。

〈重建儒學傳統〉，書評論文，載 《亞洲研究雜誌》 (*Journal of Asian Studies*)，33: 3（4 月），頁 441–454。

〈王陽明四句教探究〉，載 《東方佛教》 (*Eastern Buddhists*) 新輯，7: 2（10 月），頁 32–48。

1975 年

〈顏元：從內在體驗到實踐的具體性〉，收入 《新儒學的展開》 (*The Unfolding of Neo-Confucianism*)，狄百瑞編（紐約：哥倫比亞大學），頁 511–541。

1976 年

〈歐陽德〉，載《明人傳記辭典》(*Dictionary of Ming Biography*)，L. 卡林頓·古德萊徹與房兆楹編（紐約：哥倫比亞大學），頁 1102–1104。

〈儒家的成人觀〉，載 *Daedalus*，105: 2（4 月），頁 109–123。

〈中與庸：試論「中庸」〉，收入亞洲哲學與比較哲學協會 (Society for Asian and Comparative Philosophy) 所編的單行本文集第三號，檀香山：夏威夷大學。

〈熊十力對真實存在的探求〉，收入《變遷的局限》(*The Limits of Change*)，傅樂斯 (Charles Furth) 編（劍橋：哈佛大學），頁 224–275、396–400。

〈作為哲學的轉化之思〉，評論文章，載《東西方哲學》(*Philosophy East & West*)，26: 1（1 月），頁 75–80。

〈儒學：近代的符號與實體〉，載《亞洲思想與社會》(*Asian Thought and Society*)，1: 1（4 月），頁 42–66。

《人文心靈的震盪》，臺北：時報出版公司。

《行動中的宋明儒家思想：王陽明的青年時代 (1472–1509)》(*Neo-Confucian Thought in Action: Wang Yang-ming's Youth*)，柏克利：加州大學。

〈王陽明的青年時代：關於我的研究方法的個人反思〉，載《明代研究》(*Ming Studies*)，第三期，頁 11–17。

〈內在體驗：宋明儒學思想中的創造性基礎〉，收入《藝術家與傳統：中國文化中歷史的功用》(*Artists and Tradition: Uses of the Past in Chinese Culture*)，C. 穆爾克編（普林斯頓：普林斯頓大學藝術博物館），頁 9–15。

1977 年

〈中國知識人對美國的了解〉，收入《龍與鷹：美中關係的過去與未來》

(*Dragon and Eagle: United States-China Relations, Past and Future*)，M. 奧森伯格等編（紐約：基礎圖書），頁 87–106。

1978 年

〈論孟子的道德自我發展概念〉，載《一元論者》(*The Monist*)，61: 1（1 月），頁 72–81。

〈康德的問題意識與超驗問題〉，載 《東西方哲學》 (*Philosophy East & West*)，28: 2（4 月），頁 215–221。

〈東亞思想觀念中的「道德共範」〉，收入《作為生物現象的倫理道德》 (*Morality as a Biological Phenomenon*)，G. 斯坦特編（柏林：達萊姆研 討會），頁 187–207。後收入《東西方哲學》(*Philosophy East & West*)， 同時刊出 C. 杰爾茲對此文的評論文章，31: 3（1981 年 7 月）。

〈李滉的心靈觀〉，載韓國《退溪學報》，第 19 號（10 月），頁 76–88。

〈退溪心性論書後〉，同上，第 20 號（12 月），頁 18–21。

1979 年

《仁與修身：儒家思想論文集》(*Humanity and Self-Cultivation: Essays in Confucian Thought*)，柏克利：亞洲人文出版社。

〈文本與歷史：轉變中的觀點——S. 厄靈頓論文讀後感〉，載《亞洲研究 雜誌》(*Journal of Asian Studies*)，38: 2（2 月），頁 245–251。

〈先秦儒家思想中的人的價值〉，載《人文》(*Humanitas*)，15: 2（5 月）， 頁 161–176。

〈作為群體行為的終極自我轉化〉， 載 《中國哲學雜誌》 (*Journal of Chinese Philosophy*)，6: 2（6 月），頁 237–246。

〈「西遊記」：一部寓言式的修身求法歷程〉，評論文章，載 《宗教史》 (*History of Religions*)，19: 2（11 月），頁 177–184。

〈「黃老思想」：馬王堆漢墓的黃老帛書讀後〉， 載 《亞洲研究雜誌》 (*Journal of Asian Studies*)，39: 1（11 月），頁 95–110。

〈略論維特傅格爾 (Wittfogel) 的社會科學觀〉，載《亞洲問題學者通訊》
(*Bulletin of Concerned Asian Scholars*)，11: 4（10–12 月），頁 38–39。

1980 年

〈宋明儒學本體論初探〉，載《中國哲學雜誌》(*Journal of Chinese
Philosophy*)，7: 2（6 月），頁 93–114。並收入《馬克斯‧韋伯論儒家
與道家》(*Max Webers Studie ueber Konfuzianismus und Taoismus*)，W.
施魯赫特編（法蘭克福：蘇爾卡姆出版社，1983 年），頁 271–297。

〈一種關於痛苦的宗教哲學觀點〉，收入《痛苦與社會》 (*Pain and
Society*)，H. 科斯特理茲等編（柏林：達萊姆研討會），頁 63–78。

1981 年

〈仁：「論語」中一個充滿活力的隱喻〉，載《東西方哲學》(*Philosophy
East & West*)，31: 1（1 月），頁 45–54。

〈從意到言〉，載《中華文史論叢》，1 月號（上海），頁 225–261。

〈試談中國哲學中的三個基調〉，載《中國哲學史研究》，3 月號（北
京），頁 19–25。

〈孔子仁學中的道學政〉，收入《中國文化的危機與展望——當代研究與
趨向》，周陽山編（臺北：時報），頁 19–36。

〈儒家的抗議精神〉，載《八十年代》，3: 4（11 月），頁 78–84。

1982 年

〈退溪對朱熹理學的創造性詮釋〉，載《韓國雜誌》(*Korean Journal*)，
22: 2（2 月），頁 4–15。

〈論劉因的儒家〉，收入《元代思想：蒙古人統治下的中國思想和宗教》
(*Yuan Thought: Chinese Thought and Religion under the Mongols*)，狄百
瑞等編（紐約：哥倫比亞大學），頁 233–277。

1983 年

〈清初思想中關於「學」的觀點〉(英文),收入《唐君毅先生紀念論文集》(臺北:學生書局),頁 27–61。

1984 年

〈徐復觀先生的胸懷——為紀念一位體現憂患意識的儒學思想家而作〉,收入《徐復觀先生紀念文集》,曹永洋等編 (臺北:時報),頁 246–248。

〈孟子思想中的人的概念:中國美學探討〉,收入 《中國的藝術理論》(*Theories of the Arts in China*),C. 穆爾克等編 (普林斯頓:普林斯頓大學),頁 57–73。

〈儒家做人觀〉,收入 《世界的宗教傳統》 (*The World's Religious Traditions*),F. 韋林編 (愛丁堡:T & T 克拉克出版社),頁 55–71。

〈宋明儒學的宗教性與人際關係〉,會議論文,後以〈宋明儒學與人際關係〉為題,收入《東亞宗教與家庭》(*Religion and Family in East Asia*),G. 德·沃斯等編 (大阪:國立民族學博物館),頁 111–125。

〈存有的連續性:中國人的自然觀〉,收入《論自然》(*On Nature*),L. 盧納編 (諾特達姆:諾特達姆大學),頁 113–129。

〈魏晉玄學中的體驗思想——試論王弼「聖人體無」觀念的哲學意義〉,收入《燕園論學集》(北京:北京大學),頁 197–213。

〈從身心靈神四層次看儒家的人學〉,載《明報月刊》,12 月號,頁 41–44。

《儒家倫理在今日:新加坡的挑戰》 (*Confucian Ethics Today: The Singapore Challenge*),新加坡:聯邦出版社。

〈儒家自我修養中的痛與苦〉,載 《東西方哲學》 (*Philosophy East & West*),34: 4 (10 月),頁 379–388。

1985 年

《先秦儒家人文主義中的道學政》，新加坡：東亞哲學研究所。

〈自我與他者——儒家思想中的父子關係〉，《文化與自我》(*Culture and Self*)，G. 德‧傅斯等編（倫敦：塔菲斯托克出版社）。

〈宋儒教育觀念的背景〉，林正珍譯，載《歷史研究》，第 9 期（臺北：臺灣大學），頁 43–57。

《儒家思想——以創造轉化為自我認同》(*Confucian Thought: Selfhood as Creative Transformation*)，阿爾巴尼：紐約州立大學。

〈劉宗周哲學人類學中的主體性〉，收入《個人主義與整體主義：儒家的和道家的價值觀》 (*Individualism and Holism: The Confucian and Taoist Perspectives*)，D. J. 孟羅等編（安那伯：密執安大學），頁 215–238。

〈李退溪關於人性的見解：韓國新儒家的「四七之爭」初探〉，收入《韓國新儒學的興起》(*The Rise of Neo-Confucianism in Korea*)，狄百瑞等編（紐約：哥倫比亞大學），頁 261–281。

1986 年

〈儒家第三期發展的前景問題〉，載《明報月刊》（香港），1 月號，頁 27–32；2 月號，頁 36–38；3 月號，頁 65–68。

〈儒家人文主義的「五倫」初探〉，收入《儒家家庭的心理文化動力》(*The Psycho-Cultural Dynamics of the Confucian Family*)，W. H. 斯樂特編（漢城：韓國國際文化社），頁 175–190。

〈從世界思潮看儒學研究的新發展〉，載《九州學刊》（香港），1: 1（9 月），頁 25–38。

〈邁向儒家人文主義第三期〉，收入《儒家：傳統的動力》(*Confucianism: The Dynamics of Tradition*)，I. 艾伯編（紐約：麥克米倫），頁 3–21、188–192。

〈古代中國的儒家智識分子的結構與功能〉，收入《軸心文明的起源與多

樣性》(*The Origins and Diversity of Axial Age Civilizations*)，艾森斯坦編
（阿爾巴尼：紐約州立大學），頁 360–373。

〈玄學、自我認知與詩的視野〉，收入《抒情表述的生命力》(*The Vitality
of the Lyric Voice*)，S. 歐文等編（普林斯頓：普林斯頓大學），頁 3–
31。

1987 年

〈論儒家的體知——德性之知的涵義〉，收入《儒家倫理研討會論文集》，
劉述先編（新加坡：東亞哲學研究所），頁 98–111。

〈中國智識分子的宗教之途〉，載《信仰》(*Faith*)（5 月號），頁 25–28。

〈偶像破壞、整體視野與耐心的警惕：關於現代中國智識界追求的自我
反思〉，載 *Daedalus*，116: 2（春季），頁 75–94。

〈中華人民共和國的宗教現狀〉，收入《今天的世界宗教》(*Religion in
Today's World*)，F. 韋林編（愛丁堡：T & T 克拉克出版社），頁 279–
291。

〈論中國文化關於疼痛經驗的觀點〉，載 *Acta Neurochirurgica* 特刊，第
38 期（維也納：施普林格出版社），頁 147–151。

〈中華人民共和國的儒學研究〉，載《人文學》(*Humanities*)，8: 5（9–10
月），頁 14–16、34–35。

〈儒家的聖人：自我認知的典範〉，收入《聖人與德性》(*Saints and
Virtues*)，J. 郝萊編（柏克利：加州大學），頁 73–86。

1988 年

〈中國文化的認同及其創新〉，收入《中外文化比較研究——中國文化書
院講演錄第二集》（北京：三聯書店），頁 64–92。

〈從東西文化的比較看中國文化發展的前景〉，同上，頁 93–121。

〈孔子與儒家〉，載《大英百科全書》，第 15 版，第 16 卷，頁 653–662。

〈儒家人文主義中的自然〉，收入《自然觀論文集》(*Essays on Perceiving*

Nature),D. 德盧卡編（檀香山：自然觀會議委員會），頁 99-110。

〈工業東亞興起的儒學觀〉，載《美國人文和社會科學院通訊》(*Bulletin of the American Academy of Arts and Sciences*)，152: 1（10 月），頁 32-50。

〈論陸象山的實學〉，載《中國哲學史研究》，第 32 期（北京，7 月），頁 56-69。

《人性與自我修養》，胡軍等譯，北京：中國和平出版社。

〈儒家哲學與現代化〉，收入《論中國傳統文化——中國文化書院講演錄第一集》（北京：三聯書店），頁 97-133。

〈儒家關於工業東亞興起的觀點〉，收入《儒家與中國現代化》(*Confucianism and the Modernization of China*)，S. 克里格編（美恩茲：V. 哈薩與科勒出版社），頁 29-41。

1989 年

《儒學第三期發展的前景問題》，臺北：聯經。

《新加坡的挑戰——新儒家倫理與企業精神》，高專誠譯，北京：三聯書店。

〈儒家傳統價值觀念與民主〉，載《讀書》，4 月號（北京：三聯書店）。

〈繼承五四發展儒學〉，載《讀書》，6 月號（北京：三聯書店），頁 114-120。

《中與庸：論儒家的宗教性》(*Centrality and Commonality: An Essay on Confucian Religiousness*)（《中與庸：試論「中庸」》的修改版），阿爾巴尼：紐約州立大學。

《道、學、政：儒家關於智識分子的觀點》(*The Way, Learning and Politics: Perspectives on the Confucian Intellectual*)，新加坡：東亞哲學研究所。

《歷史視野中的儒學》，新加坡：東亞哲學研究所。

1990 年

《儒家自我意識的反思》，臺北：聯經。

〈中國歷史中的儒家傳統〉，收入 《中國的歷史遺產》 (*Heritage of China*)，P. 羅普編（柏克利：加州大學），頁 112–137。

1991 年

《三重和弦：儒家倫理、工業東亞及韋伯》，主編，新加坡：東亞哲學研究所。

〈引言：當代精神性面臨的挑戰〉，收入《本土知識與古典智慧》(*Local Knowledge, Ancient Wisdom: Challenges in Contemporary Spirituality*)，S. 費理森編（檀香山：東西中心），頁 1–6。

〈文化中國：以外緣為中心〉，載 *Daedalus*，120: 2（春季），頁 1–32。

〈啟蒙心態與中國智識界的兩難困境〉，收入 《現代中國透視》 (*Perspectives on Modern China*)，K. 李柏梭爾編 （阿蒙克：M. E. 夏爾出版社），頁 103–118。

〈儒家人文主義與民主〉，收入《歐洲與市民社會》(*Europa und die Civil Society*)，K. 米克爾斯基編 （斯圖加特：克萊特－科特出版社），頁 222–244。

〈工業東亞的尋根：以儒學復興為例〉，收入 《基要主義透視》 (*Fundamentalisms Observed*)，M. 馬蒂編（芝加哥：芝加哥大學），頁 740–781。

1992 年

〈儒學與西方文化〉，收入 《唐君毅思想國際會議論文集 I》，霍韜晦編（香港：法住出版社），頁 9–14。

《人性與自我修養》，張端穗譯，臺北：聯經。

〈孟子：士的自覺〉，收入《孟子思想的哲學探討》，李明輝編（臺北：

中研院文哲所籌備處），頁 1–35。

〈儒家傳統的現代轉化——杜維明新儒學論著輯要〉，岳華編，收入《現代新儒學輯要叢書》，北京：中國廣播電視出版社。

〈儒家關於身體的觀點〉，收入《醫學思想和實踐中的身體》(*The Body in Medical Thought and Practice*)，D. 樂德編（波士頓：克魯維爾學術出版社），頁 87–100。

〈核心價值和互惠的全球社群〉，收入《重構世界和平》(*Restructuring for World Peace: On the Threshold of the 21st Century*)，M. 特蘭尼安等編（新澤西：漢姆普頓出版社），頁 333–345。

〈中國智識界的欣欣向榮〉，載 *Daedalus*，121: 2（春季），頁 251–291。

《儒家世界透視》，主編，夏威夷：東西中心。

1993 年

《道學政：論儒家智識分子》(*Way, Learning, and Politics: Essays on the Confucian Intellectual*)，阿爾巴尼：紐約州立大學。

〈儒家〉，收入《我們的宗教》(*Our Religions: The Seven World Religions Introduced*)，A. 薩瑪編（三藩市：哈柏爾與羅出版社），頁 139–227。

1994 年

〈超越啟蒙心態〉，收入《世界觀與生態學》(*Worldviews and Ecology*)，M. 圖克爾編（瑪麗克諾爾：奧爾比斯圖書）。

〈儒家論說的歷史意義〉，書評，載《中國季刊》(*The China Quarterly*)，第 140 號（12 月），頁 1131–1141。

〈以體驗之愛為人性〉，載《宗教研究學報》(*Journal of Religious Studies*)，24: 2（秋季），頁 113–122。

《常青樹：今天作中國人的日新意義》(*The Living Tree: The Changing Meaning of Being Chinese Today*)，主編，史坦佛：史坦佛大學。

〈體現宇宙：略論儒家的自我實現〉，收入《亞洲理論與實踐中作為人格

的自我》(*Self as Person in Asian Theory and Practice*)，安樂哲等編（阿爾巴尼：紐約州立大學），頁 177–186。

1995 年

《儒家思想新論——創造性轉換的自我》，曹幼華等譯，江蘇人民出版社。

《文化中國與儒家傳統》（首屆吳德耀文化講座），新加坡：新加坡國立大學。

《轉化的中國》(*China in Transformation*)，主編，劍橋：哈佛大學。

〈全球社群作為生活現實：開發社會發展的精神資源〉，收入《社會政策與社會進步》 (*Social Policy and Social Progress—Special Issue on the Social Summit for Social Development, Copenhagen, 6–12 March, 1995*)，紐約：聯合國，頁 39–51。

〈超越啟蒙心態〉，《社會進步的倫理與精神性向度：哥本哈根聯合國社會發展高峰會議報告 ，1995 年 3 月 6–12 日》 (*Ethical and Spiritual Dimensions of Social Progress—World Summit for Social Development, Copenhagen, 6–12 March, 1995*)，頁 105–108。

1996 年

《現代精神與儒家傳統》，臺北：聯經。

〈人文反思與智識分子——新儒家的自我定位問題〉，載《明報月刊》（8 月號）。

〈訪談：儒學的超越性及宗教向度〉，載 《傾向》，第 7–8 期合刊，頁 60–78。

〈東亞發展模式中的儒家向度〉，收入 《傳統思想在當今日本的影響》 (*The Impact of Traditional Thought on Present-Day Japan*) ，J. 克萊勒編（慕尼黑：伊迪斯姆出版社），頁 31–48。

〈東亞現代性中的儒家傳統〉，載 《美國人文和社會科學院通訊》

(*Bulletin of the American Academy of Arts & Sciences*)，11 月號，頁 12–39。

《東亞現代性中的儒家傳統——日本和「四小龍」的道德教育與經濟文化》 (*Confucian Traditions in East Asian Modernity: Moral Education & Economic Culture in Japan and the Four Mini-Dragons*)，主編，劍橋：哈佛大學。

〈當代臺灣的文化認同與承認政治〉，載 《中國季刊》 (*The China Quarterly*)，第 148 號（12 月），頁 1115–1140。

〈毀滅性意志與意識形態浩劫：毛澤東主義作為中國社會苦難的根源〉，載 *Daedalus*，125: 1（秋季），頁 149–179。

1997 年

《儒學發展的宏觀透視》，主編，臺北：正中書局。

〈儒家傳統的啟蒙精神〉，收入《中華文化：發展與變遷》，林水濠編（吉隆坡：馬來西亞中華大會堂聯合會），頁 1–15。

〈從「文化中國」的精神資源看儒學發展的困境〉，同上，頁 17–44。

〈中國哲學概論〉，收入 《世界哲學手冊》 (*A Companion to World Philosophies*)，E. 德伊趣等編（牛津：布萊克維爾），頁 3–23。

（編按：杜維明教授研精覃思，著作豐贍，本書初版後其更多之論著可參見 https://reurl.cc/D9jR3Q）

逍遙的莊子 吳怡 著

在喧擾紛亂的世俗人間，莊子何以能逍遙其中？在莊子逍遙境界的背後，究竟蘊藏了什麼力量，使其能有超塵拔俗、一飛沖天的氣勢？

「知識與道德是通向逍遙境界的大道」，作者以精闢簡練的文字，為莊子洗雪近二千年來學術界的誤解，重新詮釋「逍遙」的真旨，讓你能穿越時空，與莊子共體「逍遙遊」。

王陽明哲學 蔡仁厚 著

陽明心學上承孟子，中繼陸象山，風靡累世，其中心思想──「四句教」、「致良知」、「心即理」是如何發展而來？這些思想具有怎樣的人生意義？「王學」在明代中葉之後，何以成為歷史上顯赫的學派之一，甚至學說東傳至日本？在本書作者深入淺出、循序漸進的論述下，為您一一解答。

魏晉清談

唐翼明 著

這是中外各種文字中，獨立而全面地研究魏晉清談的第一本專著，它因而填補了中國學術思想史上的一項空白。作者以辛勤細心的態度，犀利獨到的眼光，分肌擘理、刮垢磨光，為我們重新展示了魏晉清談之內容與形式的面貌及其形成與演變的輪廓。全書材料豐富，條理分明，分析深入、文字雅潔，凡研究中國，尤其是魏晉的學術、思想與文化、文學者皆不可不讀。

國家圖書館出版品預行編目資料

儒家思想：以創造轉化為自我認同／杜維明著.——
四版一刷.——臺北市：東大，2020
　　面；　公分

　　ISBN 978-957-19-3213-2　（平裝）
　　1. 儒學 2. 文集

121.2　　　　　　　　　　　　　　　109006052

◕◡◕ 哲學

儒家思想——以創造轉化為自我認同

作　　者	杜維明
發 行 人	劉仲傑
出 版 者	東大圖書股份有限公司
地　　址	臺北市復興北路 386 號 (復北門市)
	臺北市重慶南路一段 61 號 (重南門市)
電　　話	(02)25006600
網　　址	三民網路書店 https://www.sanmin.com.tw
出版日期	初版一刷 1997 年 11 月
	三版一刷 2014 年 9 月
	四版一刷 2020 年 5 月
書籍編號	E121100
I S B N	978-957-19-3213-2

東大圖書公司